이기적 시간관리

이기적 시간관리

엉망진창 내 인생, 시간을 '내 것'으로 만드는 기술

이임복 지음

천그루숲

- 머리말 -

'조급함을 조금 내려놓게 되었고,

이제 더 이상 내일 할 일을 오늘로 가져오지 않게 되었습니다!'

최근 독자로부터 받았던 메일이다. 2017년 《워라밸의 시대!
하루 3분 시간관리》를 출간했으니 벌써 꽤 많은 시간이 지났다.
그동안 많은 독자들로부터 메일을 받으며, 그들에게 도움이 되
었다니 나름 뿌듯했다.

이후에도 나는 10권 이상의 책을 출간했고, 거의 매일 강의를
하고 있다. 방송활동도 하고 있고, IT에 대한 이야기를 전하는 유
튜버로도 살고 있다. 감사하게도 꾸준히 성과를 내고 있으며, 개
인적인 일들과 가족들과의 관계 역시 잘 풀리고 있다.

나에 대해 잘 모르는 사람들은 여전히 나를 '일 중독자' '언제

나 바쁜 사람'으로 알고 있다. 간만에 연락하는 사람들은 여전히 "요즘도 많이 바쁘시죠?"라며 인사말을 건넨다. 예전에는 "아니요. 안 바빠요"라고 답했지만, 지금은 "항상 똑같습니다. 크게 다르지 않아요"라고 말한다. 내 삶이 이전과 크게 다르지 않기 때문이다. 그리고 앞으로도 크게 다르지 않기를 바라고 있다. 내가 원하는 진정한 삶은 '더 이상 아무것도 일어나지 않고, 편안하게 이대로 계속되는 것'이다.

내가 내 삶에 아무 일도 일어나지 않기를 바라는 데에는 몇 가지 이유가 있다. 첫째는 현재도 충분히 바쁘고 성과를 내고 있어 더 바쁘지 않기를 바라기 때문이고, 둘째는 내가 예측할 수 없는 외부의 변수들로 인해 스스로 컨트롤할 수 없는 일들이 벌어지지 않기를 바라기 때문이다.

이런 삶을 만들 수 있었던 건 꽤 많은 시간을 계획했던 대로, 말했던 대로, 이전 책에서 적었던 대로 살아왔기 때문이다. 또 지금의 삶을 유지하는 데에도 상당한 시간과 노력이 필요하기 때문에 나는 아무 일도 일어나지 않기를 혹은 어떤 일이 일어나더라도 내가 컨트롤할 수 있는 범위 안에 있기를 소망한다.

하늘을 날고 있는 새들이 날갯짓 치지 않으면 추락하듯, 물 위의 오리들이 수면 아래에서 거세게 발놀림하지 않으면 가라앉듯 우리 인생도 마찬가지다. 일생에서 한 번은 폭발적으로 시간을 압축시켜서 전력질주해야 한다. 그렇게 질주한 후에는 그 속도를 유지하기 위해 달려야 한다. 이 모든 일에 필요한 건 결국 '시간'이다. 1년 365일, 하루 24시간을 어떻게 쓰느냐에 따라 우리의 삶은 분명 달라진다. 이 시간을 우리 인생에서 한 번은 압축해 진하게 살아야 한다. 이에 대한 이야기를 전하고 싶었다.

전작 《하루 3분 시간관리》에서는 '워라밸'에 맞춰 조금은 편안하게 시간을 관리할 수 있는 방법을 이야기했다. 하지만 이 책 《이기적 시간관리》에서는 좀 다르게 전개하고자 한다. '좋은 게 좋다'에서 벗어날 때가 됐다. '뭐든지 잘될 거야'라는 막연한 희망고문에서도 벗어날 필요가 있다. '잘될 거야'라는 믿음만 가지고는, '열심히 사는 것'만으로는 아무것도 해결되지 않는다는 것을 우리는 이미 잘 알고 있다. 그래서 이번에는 조금은 차갑고 냉정하게 자신을 돌아볼 수 있도록 '이기적인 시간관리'에 대한 이야기를 담았다.

지금 당신이 이 책을 선택한 이유는 이제부터라도 시간관리를 제대로 해봐야겠다는 생각 때문일 것이다. 당신은 옳은 선택을 했다. 당신이 어떤 상황에 처해 있든 상관없다. 제대로 관리하고 제대로 실행한다면 원하는 것을 조금 더 빠르게 얻을 수 있을 것이다. 이제 그 시작을 함께 해보자.

드라마 〈이태원 클라쓰〉의 주인공 박새로이의 계획은 15년짜리였다. 〈쇼생크 탈출〉의 주인공 앤디의 계획은 19년이었다. 우리가 이루고자 하는 것도 조금은 더 시간이 걸릴 수 있고 짧을 수도 있다. 무엇이 되었든 시작이 있어서 끝이 있었다. 조급해하지 말자. 변화는 바로 눈에 보이지 않는다. 중요한 건 시작하고자 하는 마음이며, 절대 예전으로 돌아가지 않겠다는 믿음이다. 이 말을 기억하자. '생각하고 살지 않으면 사는 대로 생각하게 된다.' 다른 사람이 생각한 대로가 아니라 내가 생각한 대로의 내 삶을 살자. 이제 다른 사람이 아닌 나를 위한 '이기적인 시간관리'를 시작해 보자.

이임복

- 차례 -

PART
1

이기적 시간관리
- 워밍업

1장 ⏱ 나를 중심으로 관리하라

PART 2

이기적 시간관리
- 핵심 노하우

1장 ⊘ 내 시간을 지키는 시간관리 노하우

2장 ⊘ 하루의 중심을 잡아주는 일정관리 노하우

3장 ⊘ 절대로 놓치지 않는 할일관리 노하우

PART
4

이기적 시간관리
- 지속과 성장

시간관리에 대한 오해와 편견

주변에 있는 시간관리를 잘하는 사람들을 생각해 보자. 어떤 모습이 그려지는가? 마른 체구에 안경을 쓰고, 정장을 입고, 주변 사람들이 쉽게 말 걸기 어려운 까칠한 분위기를 온몸으로 뿜어내는 사람들이 그려지지 않는가? 반대로 왠지 예수님이나 부처님처럼 뭔가 넉넉하고 여유있어 보이는 사람들에게는 시간관리라는 말이 어울리지 않을 것 같다. 하지만 이는 편견이다.

성경에서도 정확하게 7일을 정하고, 이 중 하루를 쉬라고 했다. 게으른 자에게는 '게으른 자여, 네가 언제까지 누워 있겠느냐? 네가 언제까지 잠들어 있겠느냐?'라며 게으름을 꾸짖었다(잠언 6:9-11). 우선순위를 정하는데 있어서도 '그러나 너희는 먼저 그의 나라와 그의 의를 구하라'며 명확히 이야기한다(마태 6:33-34).

회사에서 친해지고 싶은 사람이 있는가? 항상 웃고 있고, 밥도 잘 사주고, 아무리 실수해도 화내지 않는 사람인가? 아니면 정해진 시간에 칼 같이 일하면서 당신이 실수했을 때 화를 내지만 어떻게 해야 할지 정확히 알려주는 사람인가? 후자의 경우 아무리 일을 잘한다고 해도 '정'이 없어 보인다. 하지만 조직생활을 해보면 사람 좋은 선배보다 조금 까칠한 선배가 당신에게 더 도움이 된다는 사실을 금방 알 수 있다.

좋은 게 좋은 거라고 상사들과 친해지고 동기와도 친하며 후배와도 잘 지내면 얼마나 좋은가? 이런 친분이 쌓이게 되면 부서 간 실수하는 일이 있더라도, 서로 친한 사이다 보니 슬쩍 넘어가거나 봐주는 일도 있지 않겠는가? 이렇게 생각하고 고개를 끄덕이고 있다면 당신은 평생 일 못하는 사람으로 남게 될 확률이 크다.

당신이 원하는 것은 무엇인가? 일도 잘하면서 행복하고 돈도 많이 버는 것 아닌가? 운 좋게 재벌집 막내아들 정도의 금수저로 태어났다면 모를까 그렇지 않고 바닥에서 올라가야 하는 상황이라면, 당신이 믿을 수 있는 건 자기 자신밖에 없다면, 결론은 하나다. 당신이 가진 최상의 자원인 '시간'을 효율적으로 써야 한다.

어떤 일을 해야 할지 막막하고, 다가오는 미래가 두렵기만 하다면 이를 해결할 수 있는 방법 역시 하나다. 당신의 '시간'을 관리하는 것이다. 시간을 제대로 관리할 수만 있다면 외부의 변수와 두려움에서 쉽게 흔들리지 않을 수 있다. 오늘 해야 할 일과 내일 해야 할 일을 정확히 알고 있다면 휴가를 가서도 일 생각에 불안해하지 않고, 일하는 동안에도 집안일로 고민하지 않을 수 있다.

'아, 그럴 수 있겠구나. 그래서?'라고 막연하게 생각하는 당신을 위해 시간관리를 못하는 사람과 잘하는 사람의 이야기를 준비했다.

⌣ 시간관리를 못하는 사람 ⌣

"아차 늦었다!"

알람을 3개나 맞추고 잤는데도 못 들었다. 꿈속에서 분명 좋은 일이 있어서 미소 짓고 있었는데, 일어나는 순간 느낌이 싸했다. 아뿔싸 8시다. 오늘도 지각이다.

옷만 갈아입고 세수도 못한 채 뛰쳐나갔다. 주머니에는 넥타이를 꽂았고, 그래도 양말은 제대로 신었다. 나머지는 나중에 생각하기로 하자. 거우 엘리베이터를 타고 1층에 도착했다. 뒷주머니가 허전하다. 스마트폰을 두고 왔다. 아무리 늦었어도 스마트폰을 두고 갈 수는 없다.

'항상 이래.' 눈물이 날 것 같았다. 서둘러 다시 올라가 폰을 가지고 내려왔다. 머리가 복잡하다. 택시를 탈까? 말까? 딱 막히는 시간대라 지하철을 택했다. 이런! 막 지하철이 지나갔다. 고민이다. 지금이라도 팀장님에게 톡을 보낼까? 말까?

출근길 지하철. 숨 막히게 좁은 사람들 틈 사이에서, 답답한 내 가슴만큼이나 머리도 답답하다. 왜 늦은 거지? 전날 너무 늦게 잤다. 야근하고 집에 돌아오니 11시. 너무 지쳐서 TV 좀 보다가 씻고 침대에 누워 게임 몇 판 하고 잠든 것 같은데…. 생각해보니 2시를 넘겼던 것 같다. 허무하다. 일찍 자야 한다는 걸 알면서도 하루를 마감하며 일찍 잠들면 뭔가 억울한 것 같아 생긴 습관이 결국 문제가 됐다.

역에서부터 미친 듯이 달렸다. 온몸에서 땀 냄새가 났다. 조용한 사무실, 들어가기가 겁난다. 살금살금 들어갔는데, 어? 팀에 사람들이 하나도 없다. 어떻게 된 거지? 단체로 지각한 건가? 설마 그럴 리 없겠지만 살짝 안도감이 들었다. 그때 '이 대리! 어디야! 빨리 회의실로 와! 다들 기다리고 있잖아!' 톡이 날아와 가슴에 꽂혔다.

아차, 주간회의 날이었다. 가방을 내려놓고 노트와 펜을 들고 서둘러 회의실로 들어갔다. 눈치를 보며 구석에 앉았다. 최악이었다. 회의자료도 제대로 읽지 못해 연이어 쏟아진 질문에 다시 확인해 보겠다는 답변과 다시는 늦지 않겠다는 말을 반복할 수밖에 없었다.

휴, 화장실에서 세수를 한 후 마음을 잡았다.

'이렇게 살 수는 없어! 다시 시작하는 거야!'

자리에 돌아와 곧바로 이메일을 확인했다. 읽지 않은 메일이 30개가 넘었다. 모두 답해야 하는 내용이다. 하나하나 꼼꼼하게 읽고 답을 보냈다. 중간중간 업무용 메신저로 부탁해 오는 일들도 자료를 찾아 하나씩 처리했다.

벌써 11시 30분이다. 오늘까지 끝내서 넘겨야 하는 자료가 있는데, 아직 열어보지도 못했다. 그때 전화가 울렸다.

"이 대리님. 잘 지내시죠? 막 근처 지나가는 길인데 생각나서 전화 드렸어요. 오늘 점심 어떠세요?"

거래처 박 과장님이다. 항상 이런 식으로 불쑥불쑥 전화를 한다. 워낙 사람 좋은 분이라 거절하기 힘들다. 하지만 오늘은 점심시간에도 일해야 해서 거절하려고 하는데, "지금 회사 1층입니다. 어차피 식사하셔야 하니까 가볍게 점심만 드시고 들어가시죠~"라며 막무가내다. 거절할 수 없었다. 결국 점심식사와 커피까지 마시고 오후 2시가 다 되어서야 사무실에 돌아올 수 있었다. 다시 자리에 앉으니 깝깝하다. 밀린 사내 메신저는 반짝이고, 그 사이 이메일은 더 쌓여 있다.

'휴~' 피곤하다. 왜 이렇게 나만 바쁜 걸까? 단 하루도 제대로 여유있는 날이 없는 것 같다. 오늘도 야근 확정이다.

'집에 일찍 가면 뭐하냐. 차만 막히지.' 어차피 야근하는 거 좀 쉬고 하자는 생각에 포털 사이트에 들어가 웹 서핑을 시작했다. 정치, 경제, 사회, 스포츠, 연예 뉴스까지는 알아야 정보화 시대에 살아남을 수 있을 것 아닌가.

⏱ 시간관리를 잘하는 사람 ✓

"아, 좋은 아침이다~"

아침 5시 30분, 눈을 떠 곧바로 집 앞 피트니스센터로 향한다. 가볍게 40분 정도 운동을 한 후 씻고 집으로 돌아오면 6시 40분 정도다. 간단하게 아침을 먹고 출근을 한다. 벌써 1년 넘게 이어진 습관이다.

차를 두고 대중교통으로 다닌 지도 1년이 넘었다. 대중교통을 이용하다 보니 이동 중 할 수 있는 일들이 늘었다. 무분별하게 SNS를 보는 걸 줄이고, 커뮤니티에 들어가는 걸 끊었다. 덕분에 시간이 남았다. 이 시간에 출근하면 언제나 자리에 앉을 수 있는 것도 감사한 일이다.

자리에 앉아 에버노트를 열고 어제의 일기를 썼다. 매년 하나의 디렉토리를 만들어 매일매일의 일과를 정리한다. 이렇게 간단하게라도 기록해 두니 그동안 무엇을 했는지 한 번에 확인할 수 있어서 좋다. 그리고 구글 Tasks 앱을 열어 오늘 해야 할 일들을 확인한 후 '오늘 할 일' 항목으로 옮겼다. 구글캘린더를 확인하니 오늘은 '오전 9시 전체 팀 회의'와 '오후 4시 TFT 회의'가 중요한 일정이다. 팀 회의자료와 TFT 회의자료를 다시 한 번 살펴봤다.

일정을 체크한 후 책을 꺼냈다. 《이기적 시간관리》란 책에서 본 대로 하루 10분이라도 책을 읽어야겠다는 생각에 '하루 10분 독서'를 시작했다. 처음에는 10분이라는 시간을 무시했는데 하루 10분씩 읽다 보니 꽤 많은 양의 책을 읽게 되었다. 지하철을 환승한 후에는 오늘의 뉴스들을 살펴봤다.

언제나 반복되는 이런 시간들이 좋았다. 아침 루틴이 정해지고 나니 무슨 일을 해야 할지 우왕좌왕하지 않게 되었다.

회사에 도착하면 8시. PC 전원을 켠 후 커피를 한잔 내려서 자리에 앉았다. 어제 퇴근 전에 붙여놓은 '주간 팀 회의, 중요 포인트 3가지 숙지할 것'이라는 메모가 보였다. 중요한 내용이라 잊지 않기 위해 붙여놓은 것이다.

업무의 시작은 메일함 확인이다. 10개의 새로운 메일이 있었다. 제목을 훑어보니 당장 급한 건 없다. 회의가 끝난 후에 회신해도 될 것 같다. 회의시간 5분 전에 들어가 다른 사람들을 기다렸다. 먼저 자리에 앉아 있으면 회의에 참석하는 사람들의 다양한 모습을 볼 수 있어서 좋다. 회의가 끝나자 마자 회의 중 노션으로 정리한 회의자료를 참석자 모두에게 보냈다.

'자, 이제 제대로 일을 시작해 볼까?'

자리로 돌아와 구글 Tasks를 실행한 후 미리 적어두었던 순서대로 하나하나 일을 처리했다. 오늘은 저녁 약속이 있는 날이라

칼퇴근을 해야 한다. 그만큼 집중해서 일을 끝내야 했다. 11시 30분쯤 거래처 박 과장님에게서 카톡이 왔다.

'이 대리님, 혹시 자리에 계시면 오늘 점심 어떠세요?'

다행이다. 전화보다는 톡이 더 거절하기 쉽다. 바로 답장을 보냈다.

'이거 어쩌죠. 과장님. 제가 오늘은 일이 너무 밀려서 어렵습니다. 샌드위치로 먼저 때웠어요. 다음 주 목요일쯤에 뵙죠.'

점심시간을 활용해서 집중해 일을 하다 보니 퇴근 전에 일이 거의 다 마무리되었다. 오늘은 칼퇴근해 약속에 늦지 않을 것 같다.

어떤가? 물론 위의 이야기대로 회사생활이 흘러가지는 않는다. 하지만 누구의 상황이 더 좋아 보이는가? 눈치챘겠지만 눈앞의 일들만 처리하며 시간에 쫓겨 살던 이 대리와 계획적으로 여유있게 하루를 보내는 이 대리는 같은 사람이다. 이 대리의 일은 예전에도 많았고 지금도 많다. 다만 시간을 관리하는 방법만 달라졌을 뿐이다. 이제 그 시간관리 방법에 대해 알아보자.

PART

1

이기적 시간관리
- 워밍업

1장.

나를 중심으로
관리하라

1 | 왜 항상
나만 바쁠까?

      日暮途遠(일모도원), 해는 저무는데 갈 길이 멀다는 말이다. 《사기》의 〈오자서 열전〉에 나오는 이 고사성어가 이상하게도 오랫동안 마음에 남았다. 매일매일 우리의 하루도 저물지만 할 일은 여전히 많다. 오늘도 바쁘고 내일도 바쁘다. 도대체 언제까지 이렇게 바빠야 할까? 언제쯤 나는 '바쁜 일'에서 벗어날 수 있을까?

    직장인들에게 어떤 회사가 제일 힘들 것 같냐고 물으면 누구나 자기가 다니는 회사가 가장 힘들다고 말한다. 군대를 제대한 남자들은 누구나 자신이 있었던 군대가 가장 힘들었다고 한다. 누구나 자신이 다니는 곳이 가장 힘들다. 그렇다 보니 주위에 여유 있게 회사에 다니는 사람들을 보면 이렇게 생각할 수밖에 없다.

'대기업이 다르긴 다르구나.'

'골프 치러 다닐 시간도 있고, 여행 갈 시간도 있네. 저 회사는 일이 많지 않은가 보네~'

물론 정말로 그럴 수도 있고, 아닐 수도 있다. 운이 좋게 일이 많지 않은 회사에 입사해 정시 출퇴근과 워라밸을 지키며, 월급을 많이 받을 수도 있다. 반면 당신과 똑같이 밤낮없이 일하는 직장인인데도 가끔 SNS에 포장해 올리는 글만 보고 그렇게 느낄 수도 있다. 아무도 모르는 일이다.

우리는 연초가 되면 항상 새로운 결심을 한다. 주위 사람들에게 자극을 받아 영어학원을 등록하지만 대부분 약속과 야근 때문에 찔끔 다니다 만다. 비싼 돈을 들여 PT를 등록했지만 정작 몇 번 나가지 못하고 기한이 지나가 버린다. 수영을 하거나 골프를 하거나 뭐든 마찬가지다. 주위 사람들을 보고 결심했던 '하고 싶은 일'들은 결국 일상 속 '해야만 하는 일'에 밀려 포기하게 된다.

이 모든 게 나만 바쁘기 때문이다. '그러길래' 주변 말을 듣고 더 좋은 직장을 갈 걸 그랬다. '그러길래' 좀 더 괜찮은 사람과 결혼할 걸 그랬다. '그러길래' … 이렇게 '그러길래'만 반복하다 보면 '차라리 태어나지 말 걸 그랬다'까지 올라가게 된다. 이제 그만하자. 우리도 충분히 우리의 삶을 주체적으로 끌고 갈 수 있다.

⊘ 누구나 할 일은 많고, 언제나 시간은 없다 ⊘

재벌집 막내아들이든 이제 막 입사한 신입사원이든 이들이 하루하루를 살아가는 건 비슷하다. 고민의 깊이와 행동의 제약은 다를지라도 누구나 해야 할 일은 많고, 언제나 시간은 없다. 그러니 이제부터라도 SNS를 끄고, 다른 사람들이 뭘 하는지에 대해서도 관심을 끄자. 다른 사람이 아닌 내 삶에 집중하자.

나의 시간, 나의 인생이 아닌가? 모두가 바쁜 이 세상, 조금만 관심을 가지면 더 많은 성과를 내며 더 행복하게 살 수 있다. 더 많은 일을 하면서도 지금보다 더 여유롭게 시간을 쓸 수 있는 방법이 있다. 궁금하지 않은가?

지금 당장 종이와 연필을 준비하자. 그리고 생각나는 대로 다음 질문에 답해 보자.

- 어떻게 해야 나를 위해 더 많은 여유시간을 낼 수 있을까?

  아침에 1시간 일찍 일어나기, 게임과 유튜브 시간 줄이기, 점심시간 활용하기

- 이 시간에 내가 하고 싶은 것은 무엇인가?

  소설 쓰기, 운동하기, 영어 공부하기, 재테크 공부하기

- 나에게 이상적인 시간 부자의 삶은 어떤 모습인가?

  돈에 끌려다니지 않아도 되는 삶, 다른 사람을 위해 기꺼이 시간을 낼 수 있는 삶

- 지금 바로 생각나는 위시리스트 10개가 있는가?

  킬리만자로 가기, 아무 말 없이 3시간 동안 걷기, 사막에서 하루 자기, 에펠탑 오르기, 아이들을 위한 대안학교 만들기, 유튜브 크리에이터 되기, 소설 출간하기

어렴풋하게 '많은 시간이 있다면 달라질 거야!'라고 생각하는 건 '많은 돈이 있다면 달라질 거야!'라는 생각과 같다. 로또로 부자가 된 수많은 사람들 중 제대로 관리하지 못해 원래의 삶으로 돌아온 사람들을 생각해 보자. 시간이 없는 지금부터 관리해야 한다.

지금부터 다시 시작하자.

당신만 바쁜 게 아니라 모두가 바쁘다.

그럼에도 불구하고 누군가는 성과를 내고 있다.

당신도 충분히 가능하다.

2 | 바쁨 중독에서 벗어나는 법

　　우리는 항상 바쁘다. 어제도 바쁘고, 오늘도 바쁘고, 내일도 바쁠 것 같다. 일을 하고 있어도 바쁘고, 하지 않을 때도 바쁘다. 그래서인지 사람들이 전화를 해서 주로 하는 첫마디는 "요즘도 계속 바쁘시죠~"다. 그러면 바쁘지 않은 사람들도 "예. 요즘 정신이 없네요~"라고 답한다. 왜 '바쁘시죠?'가 '식사 하셨어요?'처럼 자주 쓰는 말이 된 걸까?

　　그 이유는 질문과 답에 숨어 있는 서로의 바람 때문이다. '요즘도 바쁘시죠?'라는 질문에는 '내가 바쁘니까 당신도 바쁠 거야'라는 생각이 숨어 있다. 그래서 상대방이 '바쁩니다'라고 답하면 안심이 된다. '아, 나만 바쁜 게 아니었구나~'

　상대방이 바쁘지 않다고 답하면 보통 두 가지 반응이 나온다. 우선 '와, 좋겠다. 안 바빠서. 나는 죽어라 고생하고 있는데'라거나 '혹시 이 사람, 무능력자나 백수 아니야'라고 생각할 수 있다.

　이렇게 생각하는 사람들이 많으니 바쁘지 않은 사람들도 바쁜 척을 하게 된다. 다른 사람과의 식사 자리에서도 끊임없이 카톡을 보고, 안 받아도 되는 전화에 양해를 구하고 굳이 전화를 받고, 전화가 오지 않으면 직접 전화를 해서 바쁜 사람임을 보이기도 한다.

물론 실제로 바쁜 사람들도 많다. 하지만 바쁜 상황이 문제가 아니라 마음이 바쁜 게 문제다. 하루에 한 통도 전화가 걸려오지 않거나 문자가 오지 않으면 내가 해야 할 일을 하지 않은 것 같아 불안해진다. 불안해지다 보니 끊임없이 일을 벌리고, 다른 사람들에게 연락을 하고 연락을 받는다.

⌣ 바쁨 중독 체크리스트 ⌣

그런데 우리는 '도대체 왜?' '누구를 위해서?' '누구에게 보여주기 위해 이렇게 바쁘게 사는 걸까?' 이런 질문을 받으면 '무슨 소리야. 내 하루가 얼마나 바쁜데, 잘 알지도 못하면서…'라고 할 수도 있다. 물론이다. 각자가 가진 바쁨이 어느 정도인지는 주변 사람들이 알 수는 없다. 하지만 나 역시 바쁘게 살아왔고, 지금도 다양한 일을 하면서 바쁘게 지내는 사람으로서 감히 말할 수 있다.

"바쁨 중독에서 벗어나라."

일이 바쁜 게 아니라 마음이 바쁘다면 당신은 '바쁨 중독'에 빠진 것이다. 다음의 7가지 질문에 답해 보자.

● 바쁨 중독 체크리스트

번호	체크리스트	예	아니오
①	바쁘지 않으면 불안하거나 불편함을 느끼는가?		
②	일을 미루는 데 어려움을 겪는가?		
③	여러 가지 일을 동시에 하지 못하면 무능하다고 생각하는가?		
④	휴식을 취하거나 휴가를 가더라도 일 생각 때문에 제대로 쉬지 못한 적이 많은가?		
⑤	바쁘지 않을 때 자신을 무가치하거나 무능하다고 느끼는가?		
⑥	하루에 5시간 이상 잔 적이 한 달에 10번 이하인가?		
⑦	완벽할 때까지 여러 번 일을 다시 해본 경험이 있는가?		

이 질문에 4개 이상 '예'라고 답했다면 당신은 '바쁨 중독' 상태라고 볼 수 있다. 그럼, '바쁨 중독'은 어떻게 벗어날 수 있을까? 여기 3가지 방법을 제안한다.

⊘ 바쁨 중독에서 벗어나는 3가지 방법 ⊘

1) 정말 바쁜지 스스로에게 질문하라

질문하지 않으면 답을 찾을 수 없다. 질문을 던져야 하는 대상은 '나 자신'이다. 내가 내 말을 듣지 않는다면 내 말을 온전히 들어줄 사람은 아무도 없다. 이렇게 해보자. 커피 한잔과 종이와 연필을 준비하고 자리에 앉는다. 스마트폰은 꺼두거나 집중 모드로 바꾸어 둔다. 종이를 반으로 나눈 후 한 쪽 상단에 '내가 지금 왜 이렇게 바쁜 거지?'라고 적는다. 그리고 그 아래에 '내가 지금 어떤 일을 하고 있지?'라고 적은 후 '하고 있는 일'과 '맡고 있는 역할'을 적는다. 맡고 있는 역할이란 회사의 대표·팀장 등 회사와 관련된 역할, 독서모임 총무 등 소셜 모임이 있다면 그곳에서의 역할, 아빠·엄마 등 가정과 관련된 역할을 포함한다.

그리고 다른 한 쪽에는 각각의 일 중 어디에서 가장 바쁨을 느끼는지, 또 시간이 부족하다고 느끼는지 적는다. 아무것도 적을 게 없다면 다음을 참고해서 적어도 좋다.

'내가 왜 바쁘지?' → 시간이 없어서

'왜 시간이 없지?' → 일이 많아서

'왜 일이 많지?' → 사람이 없어서

'왜 사람이 없지?' → 인건비가 비싸서, 맡길 사람을 뽑지 못해서

'왜 맡길 사람이 없지?' → 채용이 부담되서

'왜 채용이 부담되지?' → 고정비가 지출되서

'왜 고정비가 지출되지?' → 사람을 뽑으면 지출되니

'왜 사람을 뽑아야 하지?' → 아. 프리랜서를 쓰면 되겠구나!

내가 지금 왜 이렇게 바쁜 거지?	바쁜 이유와 시간이 부족한 이유
내가 지금 어떤 일을 하고 있지?	'내가 왜 바쁘지?'
	→ 시간이 없어서
1) 하고 있는 일	
- <시간관리> 원고 작업	'왜 시간이 없지?'
- 가족여행 계획	→ 일이 많아서
- 하반기 강의 자료 준비	
	'왜 일이 많지?'
2) 맡고 있는 역할	→ 사람이 없어서
- S전자 시간관리 강사	
- K연수원 겸임교수	'왜 사람이 없지?'
- 독서모임 총무	→ 인건비가 비싸서,
	맡길 사람을 뽑지 못해서
	'왜 맡길 사람이 없지?'
	→ 채용이 부담되서
	'왜 채용이 부담되지?'
	→ 고정비가 지출되서
	'왜 고정비가 지출되지?'
	→ 사람을 뽑으면 지출되니
	'왜 사람을 뽑아야 하지?'
	→ 아. 프리랜서를 쓰면 되겠구나!

조용히 시간을 정하고 앉아 이런 식으로 왜 바쁜지, 해결방법은 정말 없는지를 적어보자. 이 과정에서 내가 진짜 바쁜 건지, 바쁜 척하는 상황을 좋아하는 건지 알 수 있다.

2) 완벽주의에서 벗어나라

'악마는 디테일에 있다.' 멋진 말이다. 일은 완벽해야 한다. 프로의 일하는 방식에서 빠지지 않는 조건 중 하나가 '완벽'이다. 맞다. 우리가 하는 모든 일들은 완벽해야 한다. 건설사가 일을 대충하면 건물이 무너지고, 선생님이 일을 대충하면 아이들의 성적이 떨어진다. 직장인이 근무를 대충하면 회사에서 짤린다.

하지만 '완벽하게 일을 하는 것'과 '쓸데없이 사소한 것에 집착하는 것'은 다르다. 예를 들어 회사에서 만드는 수많은 보고서를 생각해 보자. 내일까지 제출해야 하는 경쟁 PT 자료의 경우 이 PT에서 중요한 건 무엇인가? 자료를 발표하는 '사람'과 자료의 '내용'이다. 그런데 정작 사람들이 가장 많이 신경 쓰는 것은 '형식'이다. 물론 띄어쓰기도 제대로 되어 있지 않은 자료는 좋은 평가를 받기 힘들다. 구구절절 텍스트로 써있는 자료보다 멋지게 시각화되어 있는 자료가 보기도 좋고 이해하기도 쉽다. 하지만 역시 가장 신경써야 할 것은 바로 '내용'이다.

어디에 완벽해야 하는지는 이미 우리 스스로가 잘 알고 있다. 한때 현대카드가 〈심플리케이션 1.0〉을 도입하며 'PPT 제로', 〈심플리케이션 2.0〉에서는 '종이 제로'와 즉시 상사에게 전화나 이메일로 연락하라는 '다이렉트 콜'을 채택했던 것도 이런 이유에서다.

완벽주의에서 벗어나는 또 하나의 방법은 '내일 해도 되는 일이라면 내일 하는 것'이다. 내일의 일을 오늘로 가져올 필요는 없다. 오늘 끝내기로 한 일을 어쩔 수 없이 내일로 미뤄야만 한다면 그건 내일 해도 되는 일이기 때문이다.

오늘 반드시 끝내야 하는 일은 다른 회사, 다른 부서, 다른 사람과 얽힌 일이라 당신이 지금 하지 않으면 다른 사람이 기다리게 되는 경우이다. 또 지금 당장 마감하지 않으면 금전적으로 큰 손해를 끼치게 되는 일이다. 이런 일들은 오늘 끝내야 한다. 그렇지 않은 일이라면 억지로 붙들고 있지 말고 오늘 하루를 마감해도 된다. 괜히 쓸데없이 밍기적거리며 야근하지 말고 집에 가서 내일을 위해 푹 쉬는 게 낫다. 계속해서 뜨거워진 컴퓨터는 망가지기 마련이다. 뇌에도 쉴 시간을 줘야 한다.

3) 바쁘지 않을 시간을 미리 결정하라

바쁨 중독에 빠져 있는 사람들은 정말 제대로 쉬는 게 어렵다. 그래서 이들에게 꼭 필요한 처방이 있다. 오늘 하루 중에서

'나를 위한 시간' '절대로 방해받지 않을 시간'을 정하는 것이다.

잠자기 전 1시간도 좋고, 퇴근길 1시간도 좋다. 모든 알람을 다 꺼놓아도 되는 시간을 정하라. 1시간이 어렵다면 단 10분이라도 좋다. 그 시간 동안에는 당신이 가장 좋아하는 일을 하라. 웹 서핑도 좋고, 웹툰을 봐도 좋다. 다만 2가지 전제조건이 있다.

첫째, 다른 사람들과 연결되지 말고 혼자 할 수 있는 일이어야 한다. 나 자신하고도 놀아줄 시간이 있어야 하지 않겠는가.

둘째, 단 3분이라도 좋으니 눈을 감고 아무것도 하지 않는 시간을 가져라. 이때에는 스마트폰의 '명상' 앱이나 '마음챙김' 앱을 이용하는 것을 추천한다.

이 방법들이 '바쁨 중독'을
완벽하게 벗어나게 해줄 수는 없다.
하지만 조금 나아지게 할 수는 있다.
지금 당장 시작해 보자.

3 | 시간관리 잘하는 사람 VS 시간관리 못하는 사람

'시간관리를 하면 도대체 뭐가 좋은 걸까?'

오랫동안 '시간관리' 강의를 했는데, 그 중 가장 안타까웠던 적이 있었다. 신입사원 대상 강의에서 15분 동안 '하고 싶은 일' 10가지를 적어보도록 했다. 5분 정도 지났는데도 아무것도 하지 않고 팔짱만 끼고 있는 친구가 있었다. 가까이 가보니 아무것도 적은 흔적이 없었다. 그 친구는 내가 다가가자 오히려 나에게 질문을 던졌다.

"강사님, 저는 적을 게 없어요. 별로 하고 싶은 게 없는데요."

당황스러웠다. 하지만 정말 그럴까? 하다못해 '최근에 가장 먹고 싶은 음식은 무엇인가?' '가장 가고 싶은 여행지는 어디인가?' 등등은 있지 않을까?

아무것도 생각나지 않았다는 것은 생각할 만한 충분한 시간을 가져 본 적이 없기 때문이다. 만약 나에게 '시간관리를 하면 뭐가 좋은데요? 그냥 흘러가는 대로 하면 되는 거 아니에요?'라는 질문을 던진다면 나 역시 같은 질문을 돌려주고 싶다. '시간관리를 하지 않으면 어떤 일이 생길까?'라고 말이다.

⊙ 시간관리를 못하는 사람 ⊙

우리 주변에서 시간관리를 못하는 사람을 생각해 보자. 시간관리를 못하는 사람들은 대부분 다음과 같은 결과를 얻게 된다.

첫째, 신뢰를 잃게 된다. 항상 약속시간에 늦는 사람을 누가 믿겠는가?

둘째, 돈을 잃게 된다. 일정관리가 제대로 되지 않는 사람은 프로젝트나 사업을 주도적으로 맡아 진행하기 어렵다. 자기 사업도 마찬가지이고, 다른 사람의 일을 대신할 때도 마찬가지이다.

셋째, 건강을 잃게 된다. 되는 대로 먹고 되는 대로 잔다. 절제하지 못하고 관리하지 못하니 매번 운동도 체력도 그대로다. 시간이 없다는 이유로 관리하지 않으면 정작 시간이 날 때는 이미 건강을 잃은 후일 것이다.

⊙ 시간관리를 잘하는 사람 ⊙

그럼, 시간관리를 잘하는 사람은 어떨까? 앞의 사례와 반대의 상황이 될 것이다.

첫째, 신뢰를 얻게 된다. 세상 모든 것은 '믿을 수 있느냐'와 '없느냐'로 구분되며, 신뢰는 곧 신용으로 우리에게 기회를 준다. 처음 일을 같이 시작할 때 믿을 수 있겠다는 신뢰의 기준이 되는 건 '시간 약속을 잘 지키는가'의 여부이다.

둘째, 수입이 늘게 된다. 하다못해 카드대금이 나가는 날이나 대출이자 내는 날을 깜빡해서 놓치는 실수를 줄여준다. 사업이나 프로젝트를 하더라도 일정을 맞춰서 끝내는 사람은 더 많은 돈을 벌 수 있는 기회를 얻는다.

셋째, 건강을 지키게 된다. 아침 5시에 일어나 운동을 시작하는 사람들을 보라. 시간이 남아서 운동하는 게 아니라 운동하는 시간을 내기 위해 일찍 일어나는 사람들이다. 먹는 것도 건강을 위해 절제한다. 그리고 오늘 해야 하는 일과 내일 해야 하는 일을 정확히 알고 있기에 이에 따른 스트레스도 줄일 수 있다.

마지막으로 더 행복하다. 업무시간을 잘 관리할 수 있다면 집안일을 돌볼 수 있는 여유가 생기고, 자신을 위한 시간을 낼 수 있으니 더 행복할 수밖에 없다.

4 | 시간관리를 잘하는 사람들의 특징

　　당신은 시간관리를 잘하는 사람인가, 못하는 사람인가? 아니면 이도 저도 아닌 애매한 사람인가? 대부분 잘한다고 직접적으로 말하기는 그럴테니 애매함을 선택할 거라 생각한다.

여기 두 명의 직원이 있다. 이 중 한 명에게 일을 맡겨야 한다. 한 명은 평소 일을 기가 막히게 잘하는 걸로 알려진 '김 대리'다. 김 대리는 센스있게 일을 잘하는데, 이미 맡은 일이 많은 상황이다. 다른 한 명은 평소 좀 애매하게 일한다는 평을 받는 '이 대리'다. 뭔가 맡기면 오래 걸리고 깔끔한 맛이 없다. 지금도 특별하게 맡은 일은 없는 것 같은데 이상하게 바빠 보인다. 당신은 이 두 명 중 누구에게 일을 맡기겠는가?

당연히 김 대리 아닐까? 만약 이 대리에게 맡긴다는 사람은 정말로 후배를 사랑하는 사람이다. 일을 시킨 후 엉망이 되더라도 '경험'을 하게 만들어 어떻게든 일을 잘하게 키우겠다는 의지를 가진 사람일 테니 말이다.

그런데 정말 신기한 건, 일이 많아 미칠 것 같은 김 대리의 경우 맡은 일을 어떻게 해서든 정해진 시간 내에, 게다가 잘 끝낸다는 것이다. 저렇게 일이 많다 보니 매일매일 야근에 가정은 불화일 것 같은데, 꼬박꼬박 휴가도 잘 다녀온다. 김 대리는 어떻게 이 많은 일들을 잘 처리하는 걸까?

이제부터 김 대리처럼 시간관리를 잘하는 사람들의 5가지 특징을 살펴보고, 이들의 특징과 자신의 평소 습관을 비교해 보자.

● 시간관리를 잘하는 사람들의 특징

〈시간관리를 잘하는 사람〉	〈시간관리를 못하는 사람〉
충분히 고민한 후 빠르게 결정을 내린다	결정을 내린 후 또 고민한다
미래계획이 있다	미래계획이 전혀 없다
시간관리 도구가 있다	시간관리 도구가 없다
일과 놀이가 균형을 이룬다	일과 놀이, 둘 다 엉망이다
꼭 해야 할 일은 처음에 한다	꼭 해야 할 일을 미루다가 한다

⊙ 충분히 고민한 후 빠르게 결정을 내린다 ⊙

어떤 결정을 내리기 전에는 귀가 좀 팔랑거려도 되고, 주위의 의견을 많이 들어도 된다. 이 과정은 '생각'의 과정이지 '고민'의 과정이 아니다. 하지만 어떤 물건을 사기 전에 충분히 자료를 모으고 고민을 정리했다면 결정은 빠르게 내려야 한다. 결정을 하는데 시간이 짧은 이유는 이미 판단이 섰기 때문이다. 결정을 내린 후에는 단호하다. 이에 따른 책임도 준비되어 있기 때문이다.

하지만 시간관리를 못하는 사람은 다르다. 결정을 내린 후에도 다시 또 고민한다. 귀가 너무 얇다. 누군가 주식투자로 돈을 벌었다면 '나도 해볼까?' 생각만 하다 넘어가고, 누가 부동산 투자에 성공했다면 '이번엔 나도 해봐야지'라고 생각하며 주말에 집 보러 갔다가 덜컥 계약해 버리고 후회하기도 한다. 가장 쓸데없는 시간낭비가 '후회'다. 후회하기 전에 충분히 고민하고 빠르게 결정하자.

⊘ 미래계획이 있다 ⊘

지금의 세상은 너무나 빨라서 10년 후, 5년 후를 내다보기 힘들다. 그래서 계획 세우기를 포기하기도 한다. 하지만 시간관리를 잘하는 사람들에게는 적어도 3년 아니면 1년 정도의 계획이 이미 서 있다. 이런 계획과 목표가 있다면 사소한 돌부리에 걸려 넘어지더라도 툭툭 털고 일어나 달릴 수 있다. 오늘 스트레스를 좀 받더라도 떨쳐내고 내일로 나갈 수 있다.

시간관리를 못하는 사람들은 다르다. 계획도 목표도 없이 눈앞의 것만 중요하게 여긴다. 그래서 시야가 좁다. 똑같이 돌부리에 걸려 넘어져도 돌이 왜 여기에 있는지 화를 내며 상처부터 치료하기 바쁘다. 심지어 열심히 달리고 있는 사람들에게 열심히 뛰어봤자 넘어지니 천천히 가라고 말리기까지 한다.

계획을 모두 달성하지 못해도 괜찮다. 다만 계획을 세우자. 그래야 빠르게 다시 나아갈 수 있다.

⊘ 시간관리 도구가 있다 ⊘

엄청나게 대단한 도구를 이야기하는 것이 아니다. 하다못해 오늘 일정이 등록된 캘린더가 있느냐 없느냐의 차이다. 시간관리 강의를 한지 10년이 넘었는데, 매번 수강생 중에는 시간관리 도구가 없는 사람이 많았다. 이들이 믿는 건 오로지 자신의 머리였다. 하지만 어딘가 기록되어 있지 않고 머리로만 기억하면 불안하고 실수하게 된다.

⊘ 일과 놀이가 균형을 이룬다 ⊘

시간관리를 잘하는 사람일수록 인생의 균형을 유지하는데 힘쓴다. 일을 하는 이유는 언제든 원할 때 마음 놓고 쉬기 위해서고, 마음 놓고 쉴 수 있다는 건 다시 돌아와 '할 일'이 있기 때문이라는 것을 잘 알고 있다. 그래서 이들은 놀 때 열심히 놀고, 일할 때 열심히 일한다.

하지만 시간관리를 못하는 사람들은 일할 때도 놀고, 놀 때도 일 때문에 불안해한다. 둘 다 엉망이라는 이야기다. 회사에서 일하는 동안 여행지를 찾거나 쇼핑하는 걸 당연하게 여긴다. 그러면서도 일이 많다고 불평하며, '오늘은 월급 루팡 짓을 하겠어'라며 대놓고 자랑하기도 한다.

⊘ 할 수 있을 때 미리 해둔다 ⊘

한때 〈책 쓰는 토요일〉이라는 강의를 한 적이 있다. 매주 토요일 아침 10~12시에 진행되는 강의였고, 항상 과제가 있었다. 수강생들은 6주간 진행되는 코스에 매주 함께하겠다고 약속하고 들어온 어느 정도 책임감과 성실함이 있는 사람들이었다. 하지만 이들 역시 토요일에 낸 과제를 제출하는 시점은 대부분 다음 주 금요일 저녁 혹은 토요일 새벽이었다. 이 중 10%에 해당하는 사람들만 토요일에 낸 과제를 그날 저녁이나 일요일에 제출했다. 실제 책을 출간한 사람들도 이들 중에서 나온 건 너무 당연한 일이다.

시간관리에서 중요한 것은 '컨트롤'이다. 세상 모든 일이 어떻게 될지는 아무도 모르기 때문에 시간관리를 잘하는 사람들은 어떤 일이 생길지 모르는 다음 주가 아닌 어느 정도 컨트롤할 수 있는 주말 동안에 해야 할 일들을 미리 처리하는 것이다. 당신도 이렇게 해야 한다.

예상치 못한 변수에 우왕좌왕하지 않도록 확실하게 할 수 있을 때 해두는 것, 미리미리 대응하는 지혜가 시간관리다. 아주 사소하더라도 자신의 삶을 컨트롤할 수 있다는 확신이 들 때 우리는 자신감과 행복감을 느낀다. 반대로 아주 사소한 일이라도 제대로 처리하지 못해 엉망이 될 때 우리는 좌절감을 느끼고 하루는 뒤범벅이 되어 버린다. 당신은 어떤 시간을 보내고 싶은가?

5 삶의 균형을 잡는 라이프 밸런스

일과 생활의 균형Work and Life Balance, 워라밸이란 말을 들으면 당신은 어떤 생각이 드는가? '당연히 꼭 지켜야지' 아니면 '일은 언제 하려고' 그것도 아니면 '말은 좋지만 어려운 것'이라고 생각하는가? 모두 맞는 말이다.

워라밸은 마치 전설 속의 동물인 유니콘과 같다. 분명히 어딘가에 있다고 하는데 어디에 있는지는 모르겠다. 워라밸을 잘 지키는 직장이 있다고 하는데, 이상하게 그 직장이 우리 직장은 아닌 것 같다. 기업 강의에 가서 대표님이나 임원분들을 만나면 "우리 회사는 워라밸을 칼 같이 잘 지킵니다"라고 말한다. 하지만 정작 직원들은 그렇게 생각하지 않았다.

2016년 고용노동부에서 '일·가정 양립과 업무 생산성 향상을 위한 근무혁신 10대 제안'을 발표했고, 해마다 출간되는 《트렌드

코리아 2018》에서는 1988~1994년에 태어난 직장인을 '워라밸 세대'라고 칭하기도 했다. 신입직원들은 회사를 선택하는 기준으로 워라밸을 잘 지키는 회사를 꼽았으며, 기업들은 이에 맞추어 기업문화를 바꾸어 나갔다. 이 분위기를 확산시킨 건 2018년 7월부터 시행된 공공기관 및 공기업, 300인 이상 사업장의 '주 52시간 근무제'다. '주 5일제'와 '주 52시간 근무제'로 인해 우리는 저녁이 있는 삶과 주말이 있는 삶이 생겼고, 미래를 위한 준비를 할 수 있게 되었다.

⊘ '워크 앤 라이프 밸런스'는 정말 가능한 걸까? ⊘

나는 전작 《워라밸의 시대, 하루 3분 시간관리》라는 책을 출간하며 관련 토론회나 강의에서 '워라밸'이 아닌 '라밸'(라이프 밸런스)의 중요성을 강조했다. 그 이유는 인생을 워크Work와 라이프Life의 2가지로만 나누게 되면 피곤해지기 때문이다. 회사에 있는 동안은 직장인이 되고, 퇴근 후가 진정한 내 삶이라고 구분하게 되면 회사에 있는 동안은 내 삶이 아니라는 이야기가 된다. 하루 24시간 중 잠자는 시간을 제외하면 업무하는 시간이 훨씬 많은데 이렇게 생각하기에는 시간이 너무 아깝지 않은가?

물론 회사를 다니는 가장 큰 동기부여는 금전적인 보상(돈)일 것이다. 하지만 지금의 세상은 직장생활이 아니어도, 많고 적음의 차이는 있어도 돈을 벌 수 있는 방법이 많아졌다. 회사를 다니는 이유가 돈 때문만은 아니라는 것이다. 내가 맡게 되는 '일'이 생기고, 그 일을 해나가며 해가 갈수록 조금 더 익숙해지고 잘하게 되며, 내가 할 수 있는 영역이 넓어진다. 그리고 이 과정에서 얻게 되는 주변 사람들의 인정, 전문가로서의 성장 등이 '일이 주는 행복'이다. 그런데 이 모든 것들은 결국 나의 삶Life 안에 있는 것들이다. 이제 워라밸은 잊고 라이프 밸런스에 집중하자.

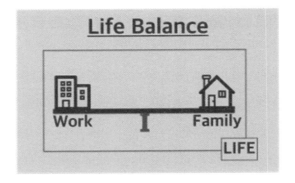

라이프 밸런스의 중심에는 '내I'가 있다. '나 자신'이 가운데에서 단단하게 고정되어 지렛대를 받치고 있어야만 일Work과 가정Family의 균형을 이룰 수 있다. '나 자신'을 단단하게 만드는 것은

'자신감' '자긍심' 등 건강하고 행복한 나 자신이다. 이를 위해 우리가 가장 먼저 신경 써야 하는 것이 나의 건강과 행복이다. 코로나 팬데믹 기간 동안 우리 모두 경험해 보지 않았는가? 코로나에 걸려 기침하며 누워있게 되면 세상 모든 계획이 쓸모 없게 된다. 일단 몸이 건강해야, 정신이 건강해야 뭐든지 할 수 있다.

이 지렛대의 한쪽에는 '가족Family'이 있다. 가족과 보내는 시간 역시도 우리가 신경 써야 하는 부분이다. 물론 사회생활 초기에는 어쩔 수 없이 지렛대가 '일Work' 쪽으로 많이 기울 수밖에 없고, 또 그래야 한다. 어느 정도 성장을 하기 위해서는 일 쪽에 폭발적으로 시간을 써야 할 때가 있다. 그럼에도 불구하고 가족에 대한 관심을 등한시한다면 승진과 돈, 주변의 인정은 남겠지만 소중한 가족과의 관계는 소원해지기 쉽다.

그러니 아무리 바쁘더라도 가족의 대소사도 챙기고, 때가 되면 여행도 함께 다니고, 대화도 자주 나누자. 일주일에 2시간 정도만 배우자와 차 한잔 함께해도 할 이야기는 많아진다(처음부터 이렇게 하지 않으면 나중에는 단 10분만 같이 있어도 할 이야기가 없어지고, 애들 이야기와 돈 이야기만 하다가 싸우게 된다).

⊘ 인생의 총량, 라이프의 총량으로 생각하라 ⊘

라이프 밸런스는 어떻게 유지할 수 있을까? 역시 시간관리가 필요하다. 하루 24시간을 배분해 단 30분이라도 라이프에 집중할 수 있는 시간을 늘려보자. 오늘 집에 들어가 저녁식사를 한 후 '20분은 가족과 함께 차를 한잔 마신다'라는 식으로 미리 계획을 세우는 것만으로 가족과의 밸런스를 어느 정도 유지할 수 있다. 하루 중 그 정도 시간만이라도 가족들에게 관심을 가지느냐 아니냐가 중요하기 때문이다.

만약 회사 일이 끝나지 않아 야근을 한다고 해도 당신의 라이프 밸런스가 깨지는 것은 아니다. 전체적인 라이프 밸런스에는 지장이 없다. 야근으로 운동할 시간이 줄어들었다면 그 줄어든 시간만큼만 하면 된다. 8시에서 10시까지 운동하기로 했는데 10시에 퇴근했다면 집까지 빠른 걸음으로 걸으며 유산소 운동을 해도 되고, 집에서 맨몸 운동을 해도 된다. 대신 내일 칼퇴근을 할 수 있다면 오늘 못한 운동을 조금 더 하면 된다. 모든 것은 결국 균형의 지속적인 유지이다.

6 | 시간낭비의
7적을 잡아라

'요즘 너무 바빠' '정말 시간이 없어'

매일매일 열심히 일을 하다 보면 눈코 뜰 새 없이 바쁠 때가 있다. 급작스럽게 일이 몰려와 밥 한 끼 제대로 먹기 힘들 때도 있다. 하지만 이런 특별한 경우를 빼면 조직생활에서 바쁜 이유는 대부분 두 가지 때문이다.

하나는 조직의 문제다. 회사 전체적으로 업무가 효율적이지 않고, 주먹구구식으로 설계되어 있으며, 고칠 생각도 없기 때문이다. 그래서 항상 같은 일이 반복되고, 인력 충원도 하지 않다 보니 업무는 언제나 과중된다.

또 하나는 자기 자신의 문제다. 바쁜 상황을 스스로 만들었기 때문이다. 평소 충분히 시간적인 여유가 있음에도 불구하고 많은 사람들이 그 시간을 제대로 활용하지 못한다. 그런데 왜 같은 양의 일을 같은 시간에 주었는데도 누군가는 일을 끝내고 누군가는 끝내지 못하는 걸까? 바로 낭비되는 시간, '시간낭비'가 많기 때문이다.

그렇다면 '시간낭비'의 주된 이유는 무엇일까? 스스로 생각해 보자. 당신 스스로 시간낭비라고 생각하는 것 3가지를 적어보자.

① _____

② _____

③ _____

강의 중 수강생들의 의견을 들어보면 시간낭비의 대부분은 다음과 같았다.

① 지나친 SNS

② 지나친 유튜브 시청

③ 지나친 게임

대부분 공감할 것이다. 여기에 4가지 시간낭비를 더해 보자.

④ 쓸데없는 걱정과 고민

⑤ 다른 사람이나 조직에 대한 비난

⑥ 계획 없는 회의

⑦ 끊임없는 이메일과 문자 확인

이러한 7가지 시간낭비만 줄여도 우리는 하루에 꽤 많은 시간을 더 중요하고 의미있는 일에 쓸 수 있다. 하나씩 살펴보자.

⊘ 지나친 SNS ⊘

여기서 SNS는 페이스북, 트위터, 인스타그램부터 각종 커뮤니티의 게시판, 카페, 카카오톡의 오픈채팅방을 포함한다. 무엇이 되었든 수많은 사람들의 글이 올라오고 읽게 되는 곳이다.

처음에는 호기심으로 시작하고, 다음에는 재미로 자신의 일상을 올린다. 그리고는 이내 그다지 궁금하지 않은 '다른 사람들의 일상'까지 둘러보게 된다. 물론 이런 것들과 아예 담을 쌓고 살 수는 없다. 특히 자신을 브랜딩해야 하는 사람들이라면 SNS 사용은 필수다. 그렇다면 SNS를 하는 하는 시간을 줄여보는 건 어떨까? 아침이나 저녁 중 편한 시간을 정해 한 번에 몰아서 확인하고 댓글을 달아보자.

⊙ 지나친 유튜브 시청 ⊙

한때 TV를 '바보상자'라고 했던 때가 있었다. 하루 종일 TV를 보다 보면 스스로 생각할 힘을 잃게 되기 때문이다. 그런데 지금은 유튜브가 그 자리를 대신하고 있다. 유튜브의 영향력은 더 무섭다. 24시간 하루 종일 봐도 다 못 볼 정도로 엄청나게 많은 영상이 있고, 게다가 재미까지 있다. 이제는 틱톡을 시작으로 릴스, 숏츠처럼 짧은 동영상들이 그 자리를 차지하고 있다. 지하철, 거리, 회사, 학교 어디에서나 사람들이 스마트폰으로 영상을 보는 모습을 흔히 볼 수 있다.

유튜브를 줄이기 위해서는 '이거 잠깐만 봐야지' 하면서 잠들 때까지 보다 잠드는 습관부터 없애보자. 이 습관만 줄여도 다음 날 아침이 편해진다.

⊙ 지나친 게임 ⊙

게임 천국의 시대다. 진지하게 오랜 시간 동안 해야 하는 RPG 게임도 있고, 팀을 짜서 20~30분 이상 몰입하는 LoL(롤)과 같은 대전형 게임도 있다. 점프만 하면 되는 단순한 방치형 게임도 있다. 이처럼 다양한 종류의 게임들이 주변에서 우리를 유혹하고 있다. 그리고 무엇이 되었든 현실에서 벗어날 수 있는 게임은 우리를 잠시 쉬게 해준다.

하지만 '현실에서 벗어나는 것'을 넘어 '현실의 중요한 시간'을 잡아먹는 건 조심해야 한다. 특히 게임 친구들이 생겨 경쟁적으로 레벨을 올리거나 보스를 잡기 위해 레이드와 같은 것을 진행하다 보면 게임 시간에 현실의 시간을 맞춰야 하는 경우도 허다하다.

이러한 유혹에서 벗어나려면 시간을 정해 놓고 게임을 해야 한다. 만약 정말 독하게 게임시간을 줄이고 싶다면 3달 정도는 손에서 놓아보자.

⊘ 쓸데없는 고민과 걱정 ⊘

알렉산더 그레이엄 벨이 말했듯 '고민은 해결책을 찾는 시간이 아니라 문제를 키우는 시간'이다. 쓸데없는 고민과 걱정 때문에 잠 못 들어본 사람은 알 것이다. 우리에게 필요한 건 해결책이다. 오랫동안 고민을 해서 모든 문제가 해결되면 좋겠지만 대부분의 고민은 아직 일어나지 않은 일에 대한 걱정으로 이어진다.

'내일 비가 오면 어떻게 하지?' '내일 비행기가 뜨지 않으면 어떻게 하지?' '내일 일찍 일어나야 하는데 늦잠 자면 어떡하지?' 어떻게 하긴, 일찍 자면 된다. 해결책에 집중하자.

⊘ 다른 사람이나 조직에 대한 비난 ⊘

세상 쓸데없는 게 다른 사람과 조직에 대한 비난이다. 누군가를 비난하게 되면 다음 번에 비난을 받는 건 자기 자신이 된다는 걸 모르지 않을 텐데, 왜 우리는 다른 이를 비난하고 조직을 비난하는 걸까? 그 잠깐의 시간 동안 뭔가 기분 좋음을 느끼기 때문일까? 그렇게 신나게 뒷담화를 해서 남는 게 무엇일까? 결국 씁쓸함 아닐까?

예전에 다녔던 회사에서 있었던 일이다. 이직 후 첫 출근 날 인사를 다니는데, 타 부서의 직원이 "아, 그 팀이에요? 고생하시겠네요~"라고 말했다. '뭐지, 이 친구는?' 하고 넘겼는데, 막상 '그 팀'에서 일을 하다 보니 잠시 쉬는 시간마다 듣는 이야기는 총괄 팀장에 대한 뒷담화였다. 팀장에 대한 뒷담화가 끝나면 회사에 대한 비난이 이어졌다. 매일매일 이런 일이 계속될수록 빨리 다른 회사로 옮겨야겠다는 생각밖에 들지 않았다.

남을 비난할 시간에 나부터 바꾸자. 누군가가 다른 사람을 비난한다면 귀를 막고 딴청을 피우고 다른 곳으로 가라. 다른 모두가 회사를 욕하고 있다면 기회다. 열심히 자기계발을 한 후에 더 나은 곳으로 옮겨라. 장담하건대 회사를 비난하던 대부분의 사람들은 그 회사에 몇 년이고 더 남아있을 것이다.

⊙ 계획 없는 회의 ⊙

회사생활 중 가장 황당했던 회의가 기억난다. 영업팀에서 실적이 떨어지자 팀장이 말했다. "왜 이렇게 실적이 떨어져. 오늘부터 저녁 때마다 릴레이 회의합시다." 입사한 회사에서 처음 하는 릴레이 회의라 걱정도 되고 기대도 됐다. 과연 회의를 어떻게 할까? 어떤 걸 배우게 될까?

그런데 정작 저녁 회의시간이 되자 모두 회의실에 앉아 아무 말 없이 시간만 축내고 있었다. '아니, 실적이 떨어졌으면 매출을 올리러 영업을 나가야지, 회의실에 모여 앉아 있으면 뭐하자는 거지?' 뒤늦게 알게 됐는데, 릴레이 회의라는 말은 저녁 때 다 같이 집에 안가고 야근하는 모습을 보이자는 이야기였다.

대부분의 회의는 시간낭비다. 이유는 3가지이다.

첫째, 갑작스럽게 모인다. "자, 회의합시다~"라고 상급자가 이야기하는 순간, 팀원들의 업무 집중력은 깨진다.

둘째, 모이긴 모였는데 회의가 언제 끝나는지 알려주지 않는다. 이렇다 보니 회의가 길어지고, 회의 중간에 다른 업무가 있는 사람들은 들락날락하기 바쁘다.

셋째, 어떤 내용으로 회의를 하는지 명확하지 않다. 어떤 안건으로 모였으며, 어떤 결론을 내야 하는지에 대해 사전에 공유되지 않았기 때문이다. 이 경우의 대부분은 회의 주관자의 실수다.

이런 식의 회의라면 회의실을 잡지 말고 자기 자리에 서서 필요한 내용을 이야기하는 것이 낫다. 아니면 줌Zoom으로 모여서 구글 워크스페이스와 같은 툴을 이용해 공동 편집가능한 문서를 띄운 후 의견을 나누고 바로바로 피드백을 받아 회의록을 정리하면 된다. 이 경우에도 회의시간은 1시간을 넘기지 말아야 한다.

⊘ 끊임없는 이메일과 문자 확인 ⊘

시도 때도 없이 이메일과 문자(메신저)를 확인하는 것은 습관이다. 물론 정말로 바빠서 매 순간 확인해야 하는 사람도 있겠지만 이건 정말 안 좋은 습관이다. 이런 습관이 계속되면 이메일과 문자가 오지 않으면 불안해진다. 카톡방에서 나를 부르지 않으면 이상하다.

일을 할 때는 가급적 이메일과 메신저를 무시하고, 시간을 정해 답을 하는 습관을 들이자. 이메일의 제목만 스윽 훑어봐도 지금 답해야 되는지 아닌지 알 수 있다. 지금 당장 급하게 처리할 내용은 카톡으로 보내지 않는다. 정 급하면 전화를 한다. 그러니 바로 답장을 해야 한다는 생각을 버리고 지금 하고 있는 일에 집중하자.

7 | 내 인생의 주인은 누구인가?

　'인생을 사랑한다면 시간을 낭비하지 마라. 왜냐하면 인생이란 시간 그 자체이기 때문이다.'

　벤자민 프랭클린의 말이다. 맞는 말이다. 인생은 시간이고, 시간은 인생이다. 따라서 시간관리는 사실 인생관리다. 이에 대해 하나하나 정리해 보자.

⊘ 내 인생의 주인은 누구인가? ⊘

　내 인생의 주인은 누구인가? 당연히 내 인생의 주인은 나이다. 이번 주말에 어떤 일을 하기로 했는가? 친구를 만나기로 했는가? 여행을 가기로 했는가? 아니면 아무것도 안하고 집에 있기로 했는가? 무엇이든 상관없다. 스스로 생각하고 결정을 내렸는가가 중요하다. 다만 아무것도 생각하기 싫어서 그냥 아무것도 선택하지 않은 상태라면 심각하다.

　노예는 타인에 의해 자신의 권리를 빼앗긴 사람을 말한다. 당연히 노예의 시간은 통제당한다. 스스로 일하는 시간, 쉬는 시간, 잠자는 시간을 결정할 수 없다. 잠깐 쉬는 시간이 있더라도 다른 일이 주어지면 그 일을 해야 한다. 법에도 '권리 위에 잠자는 자는 보호하지 않는다'라는 말이 있다. 자신의 권리를 오랫동안 행사하지 않는 사람은 법의 보호를 받지 못한다는 말이다. 마찬가지다. 스스로 내 시간을 신경 써서 내 것으로 가져가지 않는다면 나를 도와줄 사람은 아무도 없다. 이 경우 내 인생의 주인은 내가 아니다. 내 주변에 있는 무수히 많은 사람들이 내 시간을 미리 선택하게 된다. 그리고 그런 일이 계속될수록 내 인생은 점점 재미없어진다.

　그런데 왜 우리는 미리미리 내 시간을 선택하지 못하는 걸까? 그건 그동안 살아오며 환경 속에서 길들여졌기 때문이다. 초·중·고 시기 정해진 일정표에 따라 살다 보니 모두가 같은 시간에 학교를 가고 학원을 가고 시험을 치며 성장한다. 대학에 가서도 마찬가지다. 스스로 시간을 계획해서 살아가는 학생들은 소수다. 스스로 결정짓지 못하고 의지하는 버릇이 쌓여 있기 때문이다.

스스로 계획해 보지 않았기에 결정짓지 못하고, 언제까지 해야 하는지 스케줄링을 하지 못한다. 자신의 '역할'을 정해 주길 원하고, 이 범위에서 벗어난 일은 하고 싶어 하지 않는다. 이렇다 보니 성인이 되어서도 외부에 의지하는 경우가 많다. 운동을 할 때도 혼자 꾸준히 하기보다 PT를 받으며 '함께' 운동하지 않으면 운동하지 않는다. 언제까지 다른 사람이 짜놓은 스케줄에 의존할 것인가?

⊙ 내 인생의 주인은 나여야 한다 ⊙

어떻게 해야 내 인생의 주인이 내가 될 수 있을까? 아주 간단하다. 주인은 '자유로운' 사람이다. 원하는 대로 스스로의 인생을 즐길 수 있다. 자유롭게 일정을 관리할 수 있고, 자유롭게 할 일을 결정할 수 있다. 마찬가지다. 나를 사랑한다면 내가 인생의 주인이자 시간의 주인이 되기 위해 일정을 스스로 관리하고 할 일을 스스로 결정해야 한다. 여기에서의 핵심은 '스스로'다.

이제 내 인생의 운전대를 잡고 하루하루를 자유롭게 운전하며 살아가자. 스스로 선택한 '할 일'과 '시간'은 네비게이션처럼 내가 원하는 목적지로 안내할 것이다.

8 | 내 인생의 남은 시간

1년 365일, 하루 24시간 1,440분 86,400초.

우리 모두에게 공평한 시간이다. 매일매일 눈을 뜨면 새로운 해가 뜬다. 어제의 괴로움은 훌훌 던져버리고 우리는 새로운 하루로 리셋할 수 있다. 하지만 이래서는 안 된다. 시간에 대한 가장 큰 착각 중 하나가 '시간은 명백히 유한함에도 불구하고 무한하다'고 생각하는 것이다. 매일매일 새롭게 24시간이 선물처럼 주어지다 보니 지금 당장 하기 싫고 어려운 일들은 뒤로 미루게 된다.

시간관리에 대한 전설적인 책인 스티븐 코비의 《성공하는 사람들의 7가지 습관》에는 미국의 34번째 대통령 아이젠하워가 고안한 '아이젠하워 매트릭스(시간관리 매트릭스)'에 대한 설명이 나온다. 이 매트릭스에서는 우리가 하는 모든 일들을 '중요한 일'

'중요하지 않은 일' '급한 일' '급하지 않은 일'로 구분한다. 이는 다음과 같이 다시 나눌 수 있다.

- 중요하면서 급한 일
- 중요하지만 급하지 않은 일
- 중요하지 않지만 급한 일
- 중요하지도 급하지도 않은 일

그렇다면 이 중에서 우리가 가장 많은 시간을 할애해 관리해야 하는 건 무엇일까? 대부분의 사람들은 '중요하면서 급한 일'을 고른다. 중요하면서 급한 일은 대부분 마감시한이 정해져 있는 일들이다. 반드시 끝내지 않으면 안 되는 일들이다.

그런데 정작 코비 박사는 우리가 많은 시간을 써야 하는 일들은 '중요하지만 급하지 않은 일'이라고 한다. 그럼 '중요하지만 급하지 않은 일'에는 어떤 일들이 있는지 알아보자.

	급한 일	급하지 않은 일
중요한 일	• 위기 • 긴급한 문제 • 기한이 정해진 프로젝트	• 인간관계 구축 • 중장기계획 • 새로운 기회 발굴 • 준비·예방활동
중요하지 않은 일	• 잠깐의 급한 질문 • 일부 회의·전화·보고서 • 눈 앞의 급박한 상황 • 인기를 얻기 위한 활동	• 바쁜 일, 하찮은 일 • 일부 우편물·전화 • 시간낭비 거리 • 즐거운 활동

⊘ 중요하지만 급하지 않은 일 ⊘

- 인간관계 구축
- 중장기 계획
- 새로운 기회 발굴
- 준비·예방활동

코비 박사는 왜 '중요하지만 급하지 않은 일'에 많은 시간을 써야 한다고 했을까? 다시 앞에서 했던 이야기로 돌아가 보자.

우리가 일을 하는 가장 큰 이유 중 하나는 돈을 벌기 위해서다. 돈을 버는 이유는 잘 살기 위해서다. 그리고 어느 정도 살아갈 만큼의 돈을 벌었다면 이제는 그 돈으로 즐겨야 한다. 좋은 음악이 나오는 카페에서 차 한잔을 마시는 것, 좋아하는 사람들과 여행을 다니는 것, 모두 근사한 일들이다. 하지만 우리는 이것만으로 만족하지 못한다. 우리는 대부분 어떤 상황에 있든지 현재 상황에서 더 나은 상황으로 나아가길 원하며, 이에 대해 생각하고 계획을 세운다.

당신이 직장인이라면 지금 가장 '중요하면서 급한 일'은 회사에서 벌어지는 다양한 일이다. '중요하지만 급하지 않은 일'은 더 좋은 회사로의 이직, 가족과 유럽여행 준비 등이 될 것이다. 물론

이 각각의 영역에 어떤 걸 채우는지는 각자의 상황이 다르기 때문에 케이스 바이 케이스다.

하지만 우리는 이 꿈과 소망의 영역인 '중요하지만 급하지 않은 일'을 실행하지 못해서 항상 방황한다. 한 해 한 해가 지나갈수록 '내가 뭘 했지?'라며 현타가 오는 건 이 때문이다. 아무리 지금 여기에 앉아서 '이렇게 살 수는 없어. 나는 내년에 해외로 떠날 거야!'라며 결심하더라도 변하는 건 없다. 이유는 하나다. 수많은 '중요하지 않지만 급한 일'들을 처리하느라 다른 것들을 할 시간이 없기 때문이다. 아침부터 저녁까지 '중요하면서 급한 일'과 '중요하지 않지만 급한 일'들을 처리하다 보면 녹초가 된다. 이렇게 하루하루를 보내다 문득 정신차려 보면 '와, 시간 진짜 빠르게 간다!'라는 말이 절로 나온다.

이렇게 살다 보면 결국 인생의 마지막 날까지 우리는 우리가 원했던 삶을 제대로 살아보지 못할지도 모른다. 자, 그러니 이제부터 이렇게 생각하자. '우리에게는 시간이 그다지 많이 남지 않았다.'

그렇다면 이제 우리는 어떻게 해야 할까?

⊘ '중요하지만 급하지 않은 일'을 시작하는 방법 ⊘

첫째, 집중이다. 지금 한 시간 한 시간을 소중하게 생각하며 집중하자. 소중한 시간을 쓸데없는 잡담과 뒷담화로 보낼 여유가 없다. 누군가를 만났다면 언제 다시 만날지 모르는데, 앞에 있는 사람을 두고 다른 사람과 통화할 시간이 없다. 가족과 단 10분을 보내더라도 그 시간에 집중할 수만 있다면 그냥 각자 식탁에 앉아 각자의 스마트폰을 보면서 보내는 1시간보다 낫다.

둘째, 마감시한, 즉 '데드라인의 힘'을 이용하자. '중요하지만 급하지 않은 일'에 손도 대지 못하는 건 '급하지 않기 때문'이다. 예를 들어 당신의 꿈 중 하나가 '언젠가는 내 이름으로 된 책을 출간할 거야!'라고 해보자. 하지만 이 '언젠가'는 영원히 오지 않는다. 그러니 이렇게 바꿔보자. '나는 내년 1월까지 책을 출간할 거야!' 어떤가? 날짜가 정해지는 순간 우리는 움직이게 된다. 해외여행을 가겠다고 마음만 먹고 가지 못하는 사람들에게 여행전문가들이 권하는 첫 번째 충고는 하나다. '일단 비행기 티켓을 끊어라' 날짜가 정해지면 그 날짜에 맞추기 위해 우리는 우리의 시간을 재조정하며 계획하게 된다.

셋째, 하루 3분의 힘을 믿자. '중요하지만 급하지 않은 일'을 시작할 수 있는 가장 좋은 방법은 '지금 바로 시작'하는 것이다.

예를 들어 내년 3월에 해외여행을 가겠다고 마음먹었다면 오늘부터 당장 해야 할 일은 자료조사를 하는 일과 돈을 모으는 일이다. 알고는 있지만 시간이 없다면 스마트폰의 시계 앱을 켜고 타이머를 '3분'으로 맞추자. 하루에 딱 3분만 '중요하지만 급하지 않은 일'을 하는데 써보자. '부자가 되고 싶다!'면 하루 딱 3분만 '부자가 되려면 어떻게 해야 하지?'를 생각하고 그 내용을 적어보자. 3개월 후에는 하루 3분을 5분으로 늘리고, 또 3개월 후에는 10분으로 늘려보자. 장담하건대 당신 인생에 놀라운 변화를 가져오게 될 것이다.

9 | 빈자의 시간
VS
부자의 시간

'Time is money!'

맞다. 시간은 돈이다. 그만큼 소중하다. 그럼, 이 말을 거꾸로 해보자.

'Money is Time!'

돈은 시간이다. 어떤가? 이 말에도 동의할 수 있는가? 어떻게 돈이 시간이 될 수 있을까? 그건 돈으로 시간을 살 수 있기 때문이다. 이렇게 생각해 보자.

지금 당신은 맛있는 쌀국수를 먹고 싶다. 어떻게 해야 할까? 근처 쌀국수집에 가서 먹거나, 배달을 시키면 된다. 또는 쌀국수 재료를 사서 집에서 만들어 먹을 수도 있다. 요즘에는 간편식도 잘 나온다. 이때 당신이 직접 요리를 할 경우 40분의 시간이 소요된다면 다른 사람이 요리한 음식을 먹을 때는 그 시간만큼이

절약된다. 당신은 만원 남짓한 돈으로 약 40분의 시간을 번 것이다. 돈이 시간이라는 말은 바로 이러한 경우를 말한다.

지하철 대신 택시를 타는 건 어떤가? 지하철로 1시간 30분 걸리는 거리를 택시로는 40분만에 갈 수 있다. 지하철 3,000원에 비해 훨씬 비싼 2~3만원이지만 그 돈으로 당신은 50분 가량의 시간을 아낄 수 있다.

이처럼 많은 사람들은 '내가 직접 하면 오래 걸리기 때문에' '내 시간은 소중하기 때문에' 기꺼이 비용을 지불한다. 그래서 고객의 시간을 아껴주는 서비스는 언제나 성공할 수밖에 없다. 특히 사업을 하는 사람이라면 무엇보다 소중한 게 '시간'이다.

그런데 여기서 우리가 신중하게 생각해야 할 것이 있다. 앞서 이야기한 것처럼 택시를 이용해 많은 비용을 지불하고 시간을 아낀 당신은 그 시간에 무엇을 할 것인가? 어떤 대단한 일을 하려고 많은 비용을 기꺼이 지불했는가? 혹시 그렇게 아낀 시간을 웹 서핑, SNS, 유튜브 시청 등에 낭비하고 있지는 않은가? 그렇다면 이는 돈도 잃고, 시간도 잃는 일이다.

'돈 좀 아껴 써라' vs '시간 좀 아껴 써라'

'돈이 남아도냐' vs '시간이 남아도냐'

'내가 돈이 어디 있어' vs '내가 시간이 어디 있어'

'돈을 현명하게 써라' vs '시간을 현명하게 써라'

어떤가? 돈과 시간은 공통점이 많지 않은가? 하지만 우리는 돈만큼 시간이 중요하다는 것을 잘 알고 있으면서도 관리하지 않는다. 돈을 모으고 아껴쓰며 잘 투자하고 잘 관리하기 위해 열심히 돈 공부를 하지만, 정작 시간에 대한 공부는 돈 공부만큼 하지 않는다.

⌣ 빈자의 시간 ⌣

우리는 어떤 일을 하더라도 '시간'이 필요하다. 그러니 우리가 먼저 키워야 하는 힘은 시간을 관리하는 능력인 '시간력'이다.

시간을 제대로 관리할 수만 있다면 우리는 더 많은 수익을 창출할 수 있다. 제대로 관리한 시간으로 몸값을 올리는데 투자할 수 있고, 돈 공부를 통해 더 많은 수익을 올릴 수 있다.

어렸을 적 부자가 되기 위해서는 부자들이 어떻게 생각하는지를 알아야 한다고 배웠다. 하지만 그것보다 더 크게 얻은 가르침이 있었다. 그건 바로 '가난한 자들의 습성'을 아는 일이었다. 가난한 사람들이 어떤 생각을 하는지 어떤 행동을 하는지를 알면 최대한 그 생각과 행동을 피할 수 있기 때문이다. 알리바바의 전 CEO 마윈은 '가난한 사람'에 대해 이렇게 말했다.

"세상에서 함께 일하기 가장 힘든 사람은 가난한 사람이다.

자유를 주면 함정이라 말하고,

작은 비즈니스를 하자고 하면 돈을 별로 못 번다고 하고,

큰 비즈니스를 하자고 하면 돈이 없다고 한다.

새로운 일을 시도하자고 하면 경험이 없다고 하고,

전통적인 비즈니스를 하자고 하면 레드오션이라 어렵다 하고,

새롭고 혁신적인 비즈니스라고 하면 다단계라고 하고,

상점을 함께 운영하자고 하면 자유가 없다고 하고,

신규사업을 하자고 하면 자신은 전문가가 아니라고 한다.

구글이나 포털에 물어보기를 좋아하고,

의견을 듣는 것을 좋아한다.

대학교수보다 더 많은 생각을 하지만

더 적게 행동으로 옮긴다."

나 역시 '시간'에 대해 이렇게 말하고 싶다.

"세상에서 함께하기 가장 힘든 사람은 시간 관념이 없는 사람이다.

10분 먼저 출근해 일을 준비하라고 하면

그만큼 자유시간을 뺏긴다 하고,

업무능력이 떨어지니 시간을 들여 배우는 게 어떻냐고 하면

배울 시간이 없다고 한다.

저녁에 무료로 가르쳐 준다고 하면

약속이 있어서 오늘은 안 된다고 하고,

하고 싶은 일을 이루기 위해 지금 시간을 아껴 써야 한다고 하면

어차피 못 이룰 것이기 때문에 지금 충분히 놀겠다고 한다.

하루 1시간이라도 자신을 돌아볼 시간을 가져야 한다고 하면

그럴 시간이 없다면서 게임할 시간은 가진다."

⊙ 부자의 시간 ⊙

당신이 한정된 시간에 더 많은 성과를 얻고 싶다면, 그러면서도 행복하고 싶다면 이제는 시간 빈자들의 말을 듣지 말자. 세상에서 가장 어리석은 것 중 하나가 인터넷 게시판에 투자에 대해 묻는 일이다. 부자가 되려면 부자에게 물어야 하지 않을까? 세계 최고 부자인 워런 버핏과의 점심이 비싼 데에는 이유가 있다.

시간 역시 마찬가지다. 지금 당신이 가진 게 시간뿐이라면 구

두뇌처럼 시간을 관리하고 정말 중요한 곳에 아껴 써야 한다. 지금 뿌린 시간의 씨앗은 놀라울 정도로 한 번에 성장해 당신을 지켜주는 그늘이 되어줄 것이다.

먼저 그 길을 가본 사람들의 말을 믿어라. 아무것도 없이 성공한 사람들 중에서 시간을 낭비해 가며 성공한 사람은 보지 못했다.

⏱ 한 번쯤 당신도 '이기적'으로 시간관리를 해보자 ⏱

결국 우리에게 필요한 건 시간이다. 시간낭비를 줄이면 많은 시간을 확보할 수 있고 더 많은 시간을 효율적으로 쓸 수 있다. 그런데 문제가 있다. 세상은 혼자 사는 게 아니다.

우리는 가족, 친구, 직장 등 수많은 사회적 관계로 얽혀 있다. 자의든 타의든 시간을 내서 사람들을 만나야 하고, 시간을 내서 사람들을 돕고 또 도움을 받으며 살아간다. 그렇다면 제대로 시간을 만들어 내기 위해서는 이런 인연을 모두 다 끊어야 하는 걸까?

그건 아니다. 언제나 효율을 추구하며, 전화 대신 문자로만 받고, 사소한 부탁을 받으면 시간이 없다고 딱 잘라 거절하라는 게 아니다. 다만 우선순위에 있어 다른 사람들에게 휘둘릴 만한 것들을 배제하고, 당신을 위한 시간을 먼저 확보하라는 말이다. 그래서 조금이나마 당신을 위해 '이기적'으로 시간관리를 하기를 권한다.

2장.

**하루 24시간을
현명하게 선택하라**

① 시간관리는 관심관리다

'만약 그때 다른 선택을 했었더라면?'

'만약 그때 다른 회사에 들어갔더라면?'

'만약 그때 그 사람을 놓치지 않았더라면?'

만약에… 만약에…

우리는 살아가며 수많은 선택을 한다. 그렇게 선택했던 하루 하루가 지금으로 이어지고 내일로 이어진다. 하지만 모든 선택이 만족스럽지는 않다. 그래서 우리는 선택하지 못한 반대쪽을 그리워하곤 한다.

몇 번을 다시 봐도 좋은 영화 〈패밀리 맨〉의 주인공은 성공가도를 달리고 있는 월스트리트의 벤처기업가이자 바람둥이인 잭 캐슬이다. 그는 크리스마스의 기적을 통해 사랑했던 옛 애인과 다시 만나 두 자녀가 있는 보통 사람의 삶을 선택한다. 그리고

"제가 가지고 있던 삶, 가지고 있던 꿈, 이게 제가 원하던 삶입니다. 다시 돌아가서 처음부터 다시 시작해야 한다면, 여전히 이 삶을 선택할 거예요."라고 말한다.

인생은 선택이다. 매 순간 우리는 우리의 시간을 어떻게 현명하게 쓸지 선택해야 한다.

⊘ 좋아하는 일을 할 수 있는 시간은 언제나 있다 ⊘

정말 바쁜 생활 속에서도 우리는 좋아하는 일을 할 수 있는 시간을 만들 수 있다. 만약 〈더 글로리〉 〈카지노〉와 같은 드라마를 보고 싶은데 볼 시간이 없다면 어떻게 해야 할까? 간단하다. '아무 때나' 보면 된다. 예전에야 정해진 시간에 TV 앞에 모여야 했지만 지금은 각자 가진 스마트폰을 열고 아무 때나 어디서나 보면 된다. 여기서 '아무 때나'는 '내가 시간이 될 때'다. 스마트폰이 없던 시절에도 우리는 보고 싶은 영화나 드라마를 커다란 노트북에 담아 '시간이 될 때'마다 봤다. 다들 시간이 없다고 하면서도 이런 일들을 할 시간은 언제나 있었다.

이처럼 우리는 '시간이 없는 삶'을 살고 있는데도 불구하고 좋아하는 일을 위해서는 기꺼이 시간을 만들어 낸다. 좋아하는 일에 기꺼이 '관심'을 쏟기 때문이다.

사랑하는 사람이 생겼다고 가정해 보자. 그 사람의 모습을 생각만 해도 가슴이 두근거리고, 매 순간의 모든 것이 그 사람과 연결된다. 같이 있는 시간에도 관심은 온통 그 사람에게 쏠려 있기 때문에 사소한 변화도 눈치채고, 사소한 불편도 해결해 주고 싶어진다.

마찬가지다. 자신이 좋아하는 일이나 하고 싶은 일이라면 항상 생각의 일부가 그쪽으로 향하게 된다. 이때 가장 중요한 게 바로 '관심'이다.

⌣ 원하는 일을 '관심 범위' 안에 넣어두자 ⌣

시간을 잘 관리한다는 건 '한정된 시간 내에 우리의 관심을 어디에 쏟느냐'의 문제다. 시간을 관리하기 전에 우리는 우리의 '관심'을 먼저 관리해야 한다. 더 많은 돈을 벌고 싶다고 말하면서도 정작 돈을 버는 방법을 배우는 데는 시간을 내고 있지 않다면, 연애도 하고 싶고 결혼도 하고 싶은데 정작 누군가를 만나는 데에는 시간을 쓰고 있지 않다면, 언젠가는 책을 한 권 쓰고 싶다고 말하면서 아직 단 한 줄도 시작하지 못했다면 그건 아직 그 일들이 당신의 '관심'을 사로잡을 만큼 대단하지 않았기 때문이다.

반대로 정말 중요하다고 생각하는데 어떻게 해도 시간이 나지 않는다면 거꾸로 그 일들을 당신의 '관심 범위' 안에 넣어보자. 원하는 것을 포스트잇에 적어 모니터에 붙여놓고, 화장실 세면대 위에도 붙여놓자. 스마트폰을 켜자마자 보이게 배경화면에 띄워 놓자. 일단 눈에 띄어야 관심이 갈 것 아니겠는가?

관심을 가지고, 관심을 유지하는 이 간단한 행동들이 당신의 시간을 낭비가 아닌 매력적인 것들로 채워줄 것이다.

2 | 시간관리에 실패하는 3가지 이유

열심히 하루하루를 계획하고 치열하게 사는 데도 시간 관리에 실패하는 경우가 있다. 그건 '너무 높은 목표' '의미 없는 목표' '너무 빠른 포기'의 3가지 이유 때문이다.

⊘ 너무 높은 목표 ⊘

처음부터 너무 높은 목표를 세우기 때문이다. 한 달에 한 권의 책도 읽지 않던 사람이 갑작스럽게 '이번 달에는 10권을 읽을 거야'라는 목표를 세운다면 너무 많다. 운동과는 담을 쌓고 살았던 사람이 '이번 달에는 몸짱이 될 거야'라는 목표를 세우면 달성하기 어렵다. 이렇게 되면 성취감보다 실망감이 커져 결국 포기하게 된다.

　목표는 당신이 정하는 것이다. 주위에서 '야, 그게 뭐야. 좀 더 높게 잡아야지'와 같은 말들은 무시하라. 목표는 달성하기 쉽도록 낮을수록 좋다. 열 권이 아닌 한 권 읽기를 목표로 잡아라. 너무 쉬운 목표라서 일주일만에 끝낼 수도 있고 단 하루만에 끝낼 수도 있다. 괜찮다. 그다음에는 두 권을 목표로 잡으면 된다. 반드시 단기간에 10권을 읽어야 하고, 반드시 단기간에 몸짱이 되어야 하는 게 아니라면 작은 목표로 시작해서 크게 올라가라.

⊘ 의미 없는 목표 ⊘

　많은 사람들이 지금 당장 필요없는 목표를 정하고, 그 목표를 달성하기 위해 시간을 낭비한다. 예를 들어보자. 수많은 사람들의 연초 목표 중 하나가 '영어 공부'다. 10년 혹은 그 이상 공부를 해왔지만 전혀 영어가 늘지 않는 사람들에게 영어는 언젠가 정복해야 할 대상이다. 게다가 해외여행을 갈 수 있는 기회가 늘어나고, 주위에 영어 잘하는 사람들이 많아지니 영어를 못하는 것 자체가 부끄럽기까지 하다. 그래서 우리는 오늘도 영어 학원에 등록하러 간다. 이게 바로 '의미 없는 목표' 중 하나다.

영어 공부를 해야겠다는 마음을 먹고 학원에 등록하기 전에 먼저 '왜 해야 하지?'라는 질문에 답을 해보자. 3개월 후 해외여행을 가기 위해서, 좋아하는 영화를 자막없이 보고 싶어서, 지금 영어를 공부해 두어야 앞으로 더 좋은 직장을 얻을 수 있어서 등 명확한 목표가 있다면 좋다. 하지만 '언젠가는 도움이 되겠지'라는 생각이나 '새해니까 원대한 목표를 세워야지'라는 생각은 안 된다. 정확하게 의미를 부여하고 확실하게 해야 한다.

하지 않아도 되는 일에 시간을 낭비하지 말고, 더 중요한 일에 그 시간을 쓰도록 하자.

⊙ 너무 빠른 포기 ⊙

아무것도 시작하지 않는 것도 문제지만 너무 빠른 포기도 문제다. 어떤 일에서 성과를 얻기 위해서는 어느 정도의 시간이 필요하다. 지금 운동을 시작한다고 해서 갑자기 몸이 좋아지지는 않는다. 한 달 동안 열심히 운동을 하고 다이어트를 했지만 겉으로 보이는 모습이 똑같다면 이내 실망하고 원래의 식습관으로 돌아가게 된다.

언젠가 부자가 될 거야 하고, 돈을 모으기 시작한다. 하지만 돈을 모으는 속도보다 집값이 올라가는 속도가 더 빠르고, 성실히 돈을 모으는 자신보다 한 번의 코인 투자로 부자가 된 사람들을 보면 허탈해진다. 역시 티끌 모아 티끌이라던데 하며 빠른 포기로 이어진다. 하지만 언제나 보상의 수레바퀴는 늦게 돈다는 걸 잊지 말자.

시간관리에 실패하는 3가지 이유를 반대로 정리하면 '시간관리에 성공하는 3가지 방법'이 된다. 바로 '쉬운 목표' '명확한 이유' '계속해 나가는 힘'이다. 가장 쉬운 목표를 정해 달성률과 성취감을 높이자. 그 목표에 반드시 '이유'와 '의미'를 부여하자. 마지막으로 단 10분이라도 매일 꾸준히 계속하자. 이렇게 3가지 방법을 적용해 시간관리에 성공해 보자.

3 | 하루 24시간, 현명하게 선택하는 법

　　당신은 어떤 선택을 하며 살고 있는가? 만약 7시에 친구를 만나기로 했는데 친구가 갑자기 1시간 정도 늦는다고 연락이 왔다. 이럴 때 당신은 갑자기 생긴 1시간 동안 무엇을 할 것인가? 어떤 사람들에게는 이 시간이 '때워야 하는 시간'일 수도 있고, 마침 밀렸던 일을 할 수 있는 '의미있는 시간'이 될 수도 있다.

⊙ 크로노스의 시간 vs 카이로스의 시간 ⊙

　　시간은 크게 '크로노스의 시간'과 '카이로스의 시간'으로 나눌수 있다. 크로노스는 〈그리스 로마 신화〉에 나오는 제우스의 아버지이다. 크로노스의 시간은 절대로 바꿀 수 없는 절대적인 시간으로, 무엇을 하든 흘러가며 붙잡을 수도 없다.

　카이로스는 제우스의 막내아들로, 기회의 신이다. 카이로스는 앞머리는 무성한데 뒷머리는 벗겨져 있고, 양발의 뒷꿈치에는 날개가 달려있는 모습으로 묘사된다. 한 손에는 저울, 한 손에는 칼을 차고 있다. 저울은 신중한 판단을 의미하고, 칼은 신속한 결정을 말한다. 그렇다면 머리카락은 무엇을 의미할까? 누구나 기회의 신이 지나가는 길목에서 정신을 바짝 차리고 기다리면 머리채를 휘어 잡을 수 있음을 뜻한다. 반대로 한 번에 낚아채지 못하면 뒷머리를 잡을 수 없고, 곧 날개를 펴고 멀어져 버린다.

누구에게나 매일매일 흘러가는 시간이 있다. 이 흘러가는 시간이 소비의 시간이라면 우리에게 남는 건 없다. 하지만 소비의 시간 중에서도 우리는 기회의 시간이자 생산의 시간을 만들어 낼 수 있다. 바로 의미있는 카이로스의 시간이다. 우리 주변의 시간 부자들은 똑같은 일상 속에서도 더 많은 의미있는 시간을 발견해 내는 사람들이다.

《죽음의 수용소에서》의 저자 빅터 프랭클 박사는 아무것도 할 수 없었던 수용소에서 절망과 좌절이 아닌 '생각'하는 것을 선택했다. 결국 그는 수용소에서 살아나온 후 로고테라피라는 정신요법을 만들어냈다.

우리는 어떻게 해야 크로노스의 시간을 카이로스의 시간으로 바꿀 수 있을까? '앞으로 의미있는 시간을 살아야지!'라고 다짐하는 것만으로는 안 된다. 여기 4개의 질문을 준비했다. 이를 참고해 당신 스스로에게 던지는 질문을 만들어 보자.

- 이 일을 통해 얻을 수 있는 것은 무엇인가?
- 지금 할 수 있는 최선의 선택은 무엇인가?
- 좀 더 편하게 일할 수는 없을까?
- 더 많은 돈을 벌려면 어떻게 해야 할까?

⊘ 이 일을 통해 얻을 수 있는 것은 무엇인가? ⊘

별로 하고 싶지 않은 일이지만 반드시 해야 할 때가 있다. 교육회사에 다닐 때 빈 박스에 교재를 넣고 테이프로 봉인해서 쌓는 일을 했었다. 단순반복적인 일에서 얻은 건 허리 통증뿐이다. 하루 종일 계산대에 서서 손님들이 내미는 물건을 찍고 카드를 긁기도 했다. 일의 경중과 시간의 차이가 있을 뿐 이런 일들은 대부분 별다른 의미와 보람을 찾기 어렵다.

이럴 때 던질 수 있는 질문이 바로 '이 일을 통해 얻을 수 있는 것은 무엇인가?'이다. 질문을 던지면 조금이라도 도움이 되는 걸 찾을 수 있다. '삼인행 필유아사언'(三人行, 必有我師焉, 〈논어 술이편〉)이라 하지 않던가. 세 사람이 걸으면 그중 반드시 나의 스승이 있듯, 질문은 우리를 스승에게로 이끌어 준다.

예를 들어 참석하기 싫은 회의에 억지로 참석해야 한다. 이때 '이 일을 통해 얻을 수 있는 것은 무엇인가?'라고 스스로에게 질문을 던져보면 '나는 절대로 저런 식으로 회의를 하지 말아야지' '저 친구는 질문하는 방식이 엄청 좋은데 배워야지' '저 프레젠터는 뭐야. 나도 저거 써봐야겠는데' 등 아주 사소한 것이라도 얻을 수 있는 것들이 있다.

아르바이트 중 진상고객을 만났을 때에도 질문을 던져보면

'나는 절대로 저런 어른은 되지 말아야지'라는 답을 얻을 수 있다. PC방에서 일을 한다면 손님들이 어떤 게임을 좋아하는지, 키보드 청소는 어떻게 해야 하는지 등 아주 사소한 것부터 꽤 중요한 마케팅 데이터까지 얻을 수 있다.

이렇게 모든 일에 질문을 던지면 언젠가 도움이 될 수 있는 수많은 지식들을 얻을 수 있다.

⊘ 지금 할 수 있는 최선의 선택은 무엇인가? ⊘

앞서 이야기했던 《죽음의 수용소에서》의 저자 빅터 프랭클 박사는 "인생에는 수많은 제약이 있고, 아무것도 할 수 없는 순간이 있다. 아무것도 할 수 없을 때에도 우리는 '생각'하는 건 선택할 수 있다"고 말했다. 가족들의 생사도 모르고, 자신의 생사도 어떻게 될지 모르고, 무언가 할 수 있는 자유조차 전혀 없었던 아우슈비츠 수용소에서 그는 살아남았다. 수용소 안에서 그는 계속 '생각'하는 것을 선택했고, 세계적인 정신요법을 만들 수 있었다.

우리도 각자가 처해 있는 상황과 고민은 모두 다르겠지만, 그래도 수용소 안에 있는 것보다는 낫지 않은가?

아침 6시에 운동을 하기로 마음먹었다. 잠에서 깨어보니 6시

20분이다. 지금 가서 운동을 하면 30분 정도밖에 못할 것 같다. 더 잘까? 아니면 30분이라도 할까?

출근길 버스가 엄청나게 막히기 시작한다. 지각은 확정이다. 아무것도 할 수 없는 지금, 무엇을 할까? 스마트폰으로 게임을 할까? 잠을 잘까? 아니면 출근해서 해야 할 일을 정리 좀 할까?

회사에서 아무런 권한도 주지 않고 책임만 지게 되는 경우가 있다. 아무리 생각해도 이번에 온 상사가 나를 괴롭히는 것 같다. 어떻게 해야 할까?

각 사례에 맞는 최선의 선택은 각자의 상황에 따라 다를 것이다. 하지만 최선의 선택이라는 건 앞으로 더 많은 기회가 기다리고 있다는 것을 믿는다는 것을 뜻하기도 한다.

30분밖에 운동을 못할 것 같다면 30분이라도 하는 게 낫다. 운동은 습관이다. 조금 더 잔다고 해서 조금 더 행복해질까?

출근길 버스에서 내리자마자 회의에 참석해야 하거나 오늘 바쁘게 처리해야 할 일이 있다면 버스에서 최대한 처리하는 게 좋다. 차라리 잠을 자는 것도 좋은 선택일 수 있다. 마음만 졸인다고 버스가 갑자기 앞으로 뚫고 나가지는 못한다.

회사에서는 어떨까? 많은 직장인들의 착각 중 하나가 회사에서의 자신과 자기 자신을 동일시하는 경우다. 회사에서의 지위와 권한이 인생에서 당신의 능력이 되지는 않는다. 언젠가는 회사를 떠나야 한다. 지금 위에서 난리 치는 상사 역시 밖에서 만나면 남이고 아저씨다. 당신이 할 일을 제대로 했음에도 계속 난리를 친다면 눈 딱 감고 받아버리는 게 낫다. 회사를 떠나야 하는 건 무능하게 일을 시키는 상사다. 단 여기서 전제는 당신이 일을 제대로 했을 경우다. 아무리 해도 상사와 영 맞지 않으면 퇴사를 목표로 회사에서는 방어전을 펼치면서 빠르게 다른 길을 찾는 게 낫다. 세상에는 많은 길이 있고, 지금 회사가 당신의 선택에 맞지 않을 수도 있다(기타가와 에미의 《잠깐만 회사 좀 관두고 올게》라는 책과 영화를 추천한다).

그렇다. 자신에게 맞는 미래는 분명 있다. 그러니 우리도 항상 생각하자. 아무것도 선택할 수 없을 것 같은 순간에도 선택할 수 있는 건 분명히 있다. 지금보다 조금 더 나아지기를 선택하고, 지금 할 수 있는 것들 중 최선의 것을 선택하자. 이 순간 가장 큰 적은 체념과 낙담, 안 될 거라는 생각, 그리고 잠깐의 재미로 우리의 시간을 빼앗는 모든 것들이다.

⊘ 좀 더 편하게 일할 수는 없을까? ⊘

'지금 하는 일을 좀 더 편하게 할 수 있는 방법은 없을까?'

이 질문은 좀 더 편하기 위해 나쁜 쪽으로 잔머리를 굴리라는 이야기가 아니다. 예를 들어 지금 당장 처리해야 하는 당신의 일을 머리가 아프다고, 몸이 좋지 않다고 핑계를 대며 다른 사람에게 떠넘기는 것은 잔머리다. '이건 모르겠지'라며 쓴 잔머리는 언젠가 부메랑으로 돌아오게 되어 있다.

일을 좀 더 편하게 하려면 '잔머리'가 아닌 '일머리'가 필요하다. 일을 센스있게 잘하려면 지금 하고 있는 모든 일들에 대해 이렇게 생각해 보자.

'좀 더 잘할 수 있는 방법은 언제나 있다!'

누구나 세상을 살아가다 보면 자신만의 노하우가 생긴다. 회사 일도 하다 보면 자신만의 노하우가 생긴다. 그런데 항상 이 방식만 고수하다 보면 다른 새로운 것을 받아들이기 힘들어진다. 문제는 여기에 있다. 손에 든 게 망치라면 세상 모든 문제가 못으로 보이게 마련이다. 이렇게 자신만의 방식이 굳어지면 시간이 오래 걸리는 가장 잘못된 방법을 고수하게 된다. 나 역시 그랬다.

한글 키보드를 처음 익힐 때 타자 연습을 도와주는 '한메타자'라는 게임이 있었다. 화면에 나오는 문장이나 단어를 똑같이 따라서 치면 얼마나 빠르게 속도가 나오는지를 알려주는 게임이었다. 한때 나는 이 게임에 너무나 빠져들어 하루 2시간 이상을 투자했다. 덕분에 내 타자 속도는 평균 900타를 넘길 수 있었다. 이 속도는 머릿속에 생각하는 그대로를 타이핑할 수 있는 속도다.

처음 신입사원으로 회사에 들어갔을 때 이 속도는 내 자신감이었고, 내 망치였다. 일처리가 빠르고 손이 빠른 것으로 소문나기 시작한 나에게 엑셀 작업 하나가 맡겨졌다. 쉬운 일이었다. A파일과 B파일을 비교해 B파일의 특정 셀을 바꾸면 되는 일이었다. 셀을 찾아 복사한 후 찾기를 해서 붙여넣기, 흔히 말하는 단순 노가다 작업이었다. 시간이 갈수록 작업이 지루해졌다. 이때 일을 시켰던 선배가 지나가다 멈춰서 한심한 듯 쳐다봤다. 그리고는 지금도 잊어버리지 않는 유일한 엑셀 함수인 'vLookup'을 가르쳐줬다. 만약 혼자서 계속 했다면 1시간은 족히 걸렸을 일을 10분도 안 돼 끝낼 수 있었다. 이때 알았다. '일을 더 쉽게 잘할 수 있는 방법은 항상 있구나.'

어떤 일을 할 때 방법을 잘 모르겠다면 찾으면 되고 물어보면 된다. 엑셀을 잘하지 못하면 배우면 되고, 시간이 없다면 잘하는 사람에게 물어보면 된다. 항상 빠르고 쉽게 일할 수 있는 방법이 있다. 그 방법은 시간절약으로 이어진다. '더 쉽게 일할 수 있는 방법이 없을까?'를 항상 생각하자.

만약 지금 하고 있는 일이 지난주에 하던 일과 같고, 지난달에 하던 일과 같은데 같은 시간이 걸리고, 계속 스트레스를 받고 있다면 이건 누구의 잘못도 아니다. 당신 잘못이다.

물론 업무 중에는 회사 시스템이 해결해 줘야 하는 일들도 있다. 하지만 어쩔 수 없다. 조직이 바뀌지 않는다면 나를 바꾸는 수밖에 없다. 엑셀을 배우거나 파워포인트를 배우거나 무엇이 되었든 지금 시간을 투자해 조금 더 배워두면 앞으로 훨씬 더 많은 시간을 벌 수 있다.

정 방법을 모르겠다면 '물어보자'. 모르는 것은 부끄러운 게 아니다. 모르는 대로 계속해서 일을 하다가 조직 전체의 시간을 낭비하는 게 더 큰 문제다.

⊙ 더 많은 돈을 벌려면 어떻게 해야 할까? ⊙

자본주의 사회에서 돈을 이야기하는 건 너무나 당연한 일이다. 불법적인 일이 아니라면 가능한 한 같은 시간에 더 많은 돈을 버는 방법을 생각하는 게 좋다.

신입사원 때의 일이다. 회사에서 해외의 유명 베스트셀러 저자를 초청했다. 2시간 남짓한 강의였는데 강의를 진행하는 팀에게 들으니 상당한 강연료였다. 시간으로 계산해 보면 "안녕하세요" 한 마디에 몇십만 원이었을 정도다. 당시 내가 한 달 내내 일

해야 벌 수 있는 돈을 누군가는 10분만에 벌 수 있다는 것을 알았다.

이 경험을 통해 '더 많은 수익'에 대한 질문은 언제나 나를 움직이게 만들었다. 당신도 같은 시간에 더 많은 돈을 벌고 싶지 않은가? 직장인의 경우 지금 월급으로 만족하지 못한다면 해결할 수 있는 방법은 다음 중 하나일 것이다.

① 협상을 통해 월급을 올리거나
② 이직을 하거나
③ 투자를 하거나
④ 부업을 한다.

①은 실질적으로 어렵다. 당신이 없으면 회사가 돌아가지 못할 정도라면 가능하다. 그렇지 않으면 대부분의 협상은 퇴사 통보로 끝난다. 자기 회사가 아닌 이상 회사는 직원을 평생 같이 가야 할 대상으로 보지 않는다.

②는 가능하다. 굳이 이직을 하지 않더라도 이력서를 새로 써보는 건 당신이 지금까지 일을 어떻게 해왔는지와 당신이 어떤 자리에 있는지 알게 해준다. 무엇보다도 '부족한 것들'을 적나라하게 알 수 있다. 다만 지금 받는 월급보다 아주 높지 않다면 이

직은 권하지 않는다. 어디를 가나 불편한 사람들은 있고, 어디를 가나 일은 힘들다. 차라리 지금 익숙한 일들을 하면서 ③과 ④를 하는 게 더 낫다. 평생 함께할 것처럼 제대로 일하고, 언제라도 떠날 수 있게 준비하자.

③과 ④는 어렵다. 그만큼 회사 일을 제대로 한 후 시간을 쪼개서 공부해야 한다. 하지만 얼마가 되었든 정기적인 수입 외에 돈을 벌 수 있는 수단을 만들어 놓는 건 큰 힘이 된다. 특히 취미에서 시작해 부업으로 이어지면 언제 발생할지 모르는 '퇴사'에서 조금은 자유로워질 수 있다.

물론 이런 질문들을 던지지 않아도 행복하다면 그대로 사는 것도 괜찮다. 모든 사람이 매 시간을 쪼개며 치열하게 살 필요도 없고, 끊임없는 성장을 위해 몸부림칠 필요도 없다. 하지만 당신이 변화를 원한다면, 제대로 된 '시간관리'를 하기를 원한다면 '돈'은 자신을 빠르게 변화시키는 동기부여가 된다는 것을 잊지 말자. 시간을 돈으로 만드는 게 답이다. 시간의 연금술사가 되라.

4 일하는 방식을 주기적으로 바꿔라

　일을 할 때 가장 중요한 시간관리는 일하는 시간에 들어가는 낭비를 줄이는 것이다. 이러한 낭비는 대부분 불필요한 일을 공들여하거나, 더 잘할 수 있는 방법이 있는데도 기존의 방법을 고수하기 때문에 발생한다.

　앞에서 다른 사람들에게 물어보는 것도 좋은 방법이라고 했다. 다만 누군가에게 물어보기 위해서는 '무엇'이 궁금한지에 대해 스스로 잘 알고 있어야 한다. 무엇이 궁금한지 자신도 잘 모르는데, 그것을 알려달라고 할 수는 없지 않은가?

　자, 종이와 펜을 꺼내자. 그리고 지금 하고 있는 일 중 가장 많은 시간이 소요되는 일을 적어보자. 그 옆에 어떻게 하면 시간을 줄일 수 있을지 적어보자. 의외로 해답은 '서류 제자리에 놓기' 등 굉장히 쉬운 일일 수도 있다.

나의 경우 〈일상 IT〉라는 이름으로 유튜브 채널을 운영하고 있는데, '영상 제작과 편집'에 꽤 많은 시간이 소요되었다. 그래서 일단 영상 편집에 얼마나 많은 시간이 걸리는지 체크해 보았다.

- 촬영 준비 : 30분
- 10분 영상 촬영 : 30분
- 편집과 인코딩 : 2시간
- 썸네일 이미지 제작 : 20분

최대한 간단하게 영상을 만든다고 생각했는데, 꽤 많은 시간을 쓰고 있었다. 개선책이 필요했다. 각각의 단계에 시간을 줄일 수 있는 방법들을 질문하며 개선책을 찾아보았다.

가장 신경을 많이 쓴 부분은 '촬영'이었다. 초보 유튜버라면 공감하는 게 좋은 영상을 찍기 위해서는 '카메라'를 사고 싶고, 카메라를 사면 '음성'을 좋게 하고 싶다. 음성이 해결되면 '조명'을 사고 싶고…. 끝없는 지옥에 빠진다. 그래서 과감하게 '스마트폰'으로만 촬영하기로 했다. 어차피 내가 찍는 영상은 고퀄리티의 화질이 필요하지 않았다. 최신 버전의 아이폰이면 충분했고, 매년 아이폰 카메라 성능이 좋아지고 있기에 폰을 교체하는 게 카메라를 사는 것보다 저렴했다.

편집하는 시간 역시 줄였다. 처음에는 남들처럼 비싼 돈을 주고 '파이널 컷' 프로그램을 구매했다. 문제는 배우기도 어렵고, 그 좋은 프로그램의 성능 중에서 내가 필요로 한 건 별로 없었다. 그래서 이 역시 스마트폰용 편집 앱으로 끝냈다. 덕분에 대중교통으로 이동 중에도 빠르게 편집할 수 있게 되었다. 물론 영상 편집은 시간을 들일수록 더 좋게 된다. 자막 처리를 하면 더 많은 사람이 보게 될 거라는 것도 알고 있다. 하지만 이 시간 역시 줄여야 했다. 다행히 인공지능 기반으로 자막을 자동으로 달아주는 서비스들이 출시되어 활용하고 있다.

썸네일 이미지 제작도 마찬가지다. 미리캔버스와 같은 서비스들이 등장하며 몇 개의 템플릿을 만들어 돌려쓰는 것으로 이 시간을 줄였다. 여기에 챗GPT를 활용하며 원고 작성에 들어가는 시간도 줄였다.

질문을 던지고 개선책을 찾은 결과 영상 촬영과 편집에 들어가는 시간을 50% 가까이 줄일 수 있었다. 당신도 가능하다. 그저 질문 하나만 던지면 된다. 지금 하고 있는 일에 대해 적어도 3개월에 한 번은 질문을 던지고 개선책을 찾아보자.

'어떻게 하면 일하는 시간을 줄일 수 있을까?'

3장.

**지금 당장
인생의 목표를
세워라**

1 우리는 왜 인생의 결산을 미루는가?

　'삶을 결산하는 건 왜 죽는 순간에 이르러야만 하게 되는 걸까?

　왜 우리는 임종 순간까지 인생의 결산을 미뤄야만 하지?'

《시간을 파는 남자》페르난도 트리아스 데 베스

　소설《시간을 파는 남자》의 주인공 TC는 회계업무를 담당하고 있다. 그가 어렸을 적부터 정말 하고 싶었던 일은 '적두개미'를 연구하는 일이었다. 하지만 도무지 그 일을 하기 위한 시간을 낼 수 없었다. 그렇게 시간만 흘러가던 어느 날 그는 잠자리에 들었다가 소스라치게 놀라 일어나 인생의 대차대조표를 작성하기 시작한다.

　앞으로 35년은 더 있어야 대출금을 갚을 수 있고, 그때에 가서야 적두개미를 연구할 수 있었다. 너무 오래 걸리는 일이었다. 그는 결국 인생의 결산을 죽기 전이 아닌 지금 당장 하기로 결심하고, 회사를 그만둔 후 바로 '시간'을 판매하는 회사를 차렸다.

우리는 왜 인생의 결산을 미루는 걸까? 지금이 아니라 '나중에' 해도 된다고 생각하기 때문이다. 언젠가 오게 될 미래에는 조금 더 많은 시간을 가지게 되고, 그때가 되면 여유있게 내가 하고 싶은 일을 하고, 다른 사람들과 시간을 보낼 수 있을 거라 생각하기 때문이다. 그러나 현실은 항상 우리의 생각과 다르게 다가온다.

그날이 오더라도 하고 싶은 일은 시작도 못하고, 그날이 오기까지 체력이 버텨줄지 모른다. 그래서 결국 현실과 타협해 안전한 선택과 안전한 삶을 택하게 되며, 꿈은 꿈으로 남겨놓은 채 35년을 대출금을 갚으며 현실의 삶을 반복하게 된다.

현재의 삶에 변화를 더하는 건 쉬운 일이 아니다. 더욱 어려운 건 어느 순간부터 해야 하는, 그리고 하고 싶은 '목표'를 상실했을 때이다. 그러니 지금 바로 인생의 결산을 위해 '목표 설정'부터 먼저 시작해 보자.

2 목표관리의 기본은
돌아보고 계획하기

　　많은 회사들이 전략을 세울 때 가장 먼저 하는 것이 지금까지의 성과를 정리하는 일이다. 그리고 난 후 앞으로의 계획을 세운다. 컨설팅을 진행할 때도 마찬가지다. 흔히 'As-Is, To-Be 모델'을 사용한다. As-Is는 현재 상태이며, To-Be는 향후 원하는 상태다.

　　개인도 마찬가지다. 과거를 돌아봐야 미래를 계획할 수 있다. 어떤 계획을 세우고 싶다면, 혹은 앞으로 어떻게 변화하고 싶은지를 알고 싶다면 지금까지 해왔던 일들을 돌아봐야 한다. 그럼, 이제 한 달 목표를 계획해 보자.

⊘ 지금까지의 일을 돌아보자 ⊘

종이와 연필을 준비하자. 종이를 가로로 놓고 반으로 접는다. 왼쪽 상단에 '1월 1일부터 오늘 날짜까지 한 일'이라고 쓴다. 예를 들어 이 책을 읽고 있는 날짜가 9월 8일이라면 '1월 1일~9월 8일까지 한 일'이라고 쓴다. 그리고 이 날까지 했던 일들 중에서 기억에 남는 일들을 10가지 적어보자.

1월 1일~9월 8일까지 한 일	9월 9일~9월 30일까지 할 일
• MWC 참석	
• 〈챗GPT〉 책 출간	
• 가족과 한라산 등반	
• 법인 설립	
• 친구들과 캠핑	
• 아들과 보드게임 시작	
• 공중파 방송 출연	
• 몸무게 74kg 달성	
• 마라톤 시작	
• 유튜브 수익화 광고 수주	
• 가족과 쿠알라룸프루 여행	

잘 기억이 나지 않을 수도 있다. 당연한 일이다. 그럼 스마트 폰의 사진 갤러리를 열고 그 기간 동안 찍었던 사진을 살펴보자. 사진을 찍었다는 건 그만큼 나에게 의미가 있었다는 뜻일 것이다. 여행 갔던 곳, 맛 있었던 식사, 재미 있었던 영화 혹은 가족과 함께했던 일 등 무엇이든 좋다. 딱 보고 '아, 이랬었지'라는 생각이 드는 일들을 모두 적자. 그리고 캘린더 앱을 열어 지금 날짜부터 거꾸로 보며 의미있었던 일들을 찾아보자.

가끔 "저는 기억할 만한 게 하나도 없어요"라고 말하는 사람들이 있다. 무슨 소리인가. 한 해가 시작되어 지금까지 꽤 많은 시간이 흘렀는데 기억에 남는 일이 없다는 건 말이 되지 않는다. 글을 쓰고 싶지만 무엇을 써야 할지 몰라서 쓰지 못하는 사람들에게 하는 충고가 있다. 일단 써라. 쓰다 보면 써야 할 것들이 생각나기 시작한다. 마찬가지다. 일단 아주 사소한 것이라도 생각해 보자. 기억나지 않는 게 아니라 기억하지 않으려고 해서다. 무엇이 되었든 찾아서 적어보자.

자, 이제 다른 색 펜을 하나 들자. 지금부터는 우리가 적었던 '한 일'에 대해 '나' 가족' '업무'의 3가지 카테고리로 나눌 예정이다. 먼저 '한 일' 중에서 '나'에 해당하는 것들에 '나'라고 적고 동그라미를 친다. '가족'과 '업무'도 마찬가지이다. 이때 영어 학원을 등록한 게 기억에 남는데 회사 일 때문이거나 향후 업무적으로 도움을 받기 위해서라면 '업무'가 되며, 회사와는 전혀 상관없이 혼자 여행을 가거나 자기 만족을 위해서라면 '나'에 해당된다.

　이런 식으로 그동안 해왔던 일 중에서 '나'를 위한 일들이 많은지, '가족'을 위한 일들이 많은지, '업무'로 중요했던 일들이 더 많았었는지를 구분해 보자. 이러한 과정에서 '아, 올해는 나를 위한 시간을 많이 가지기로 했었는데 못했구나' '가족과 좀 더 시간을 가지기로 했었는데 못했구나'라는 식으로 반성을 하게 되고, 앞으로 어떻게 해야 할지를 생각해 볼 수 있게 된다.

1월 1일 ~ 9월 8일까지 한 일	9월 9일 ~ 9월 30일까지 할 일
• MWC 참석 (업무)	
• 〈챗GPT〉 책 출간 (업무)	
• 가족과 한라산 등반 (가족)	
• 법인 설립 (업무)	
• 친구들과 캠핑 (나)	
• 아들과 보드게임 시작 (가족)	
• 공중파 방송 출연 (업무)	
• 몸무게 74kg 달성 (나)	
• 마라톤 시작 (나)	
• 유튜브 수익화 광고 수주 (업무)	
• 가족과 쿠알라룸푸르 여행 (가족)	

⊘ 미래를 계획해 보자 ⊘

종이의 왼쪽 부분이 채워졌다면 이제는 오른쪽을 채울 차례다. 오른쪽 상단에 '내일부터 이번 달 말까지 할 일'이라고 적어보자. 예를 들어 오늘이 9월 8일이라면 '9월 9일부터 9월 30일까지 할 일'이 된다.

이번에는 처음부터 '나' '가족' '업무'라고 적는다. 그리고 이에 해당하는 것들을 3가지씩 적어보자. 이때 주의할 것은 '나'부터 적어야 한다. 대부분의 사람들은 '이번 달 계획을 세워보세요'라고 하면 '업무'적인 것부터 적는다. 하지만 지금 우리에게 필요한 건 라이프 밸런스다. 지렛대의 축인 '내'가 튼튼해야 하기 때문에 '나'에 대한 이야기부터 적어보자. '나'에 해당하는 것들은 건강에 대한 것들과 재미있는 것들, 취미활동 등을 적으면 된다.

적다 보면 '가족'에 대한 부분이 가장 어렵다. 특히 결혼 전이라면 무엇을 써야 할지 모르겠고, 결혼을 했더라도 배우자와 요즘 데면데면한 사이라면 적을 게 없다. 그래서 달력을 봐야 한다. 깜빡했던 결혼기념일을 챙길 수 있고, 가족의 생일이 있을 수도 있다. '부모님에게 전화하기' '아내와 커피 한잔 하며 이야기 나누기' 등 가볍지만 미루어 두었던 일들도 있다. 중요한 건 무엇을 해야 할지 먼저 생각해 보는 일이다.

마지막으로 '업무'다. 업무는 워낙 중요한 일이 많다 보니 적을 게 많을 수도 있다. 하지만 여기에서는 가장 중요한 업무 3가지만 적자. 그리고 '업무'에는 회사 일뿐만 아니라 앞으로 자신의 몸값을 올릴 수 있는 일도 포함해야 한다.

1월 1일 ~ 9월 8일까지 한 일	9월 9일 ~ 9월 30일까지 할 일
· MWC 참석 (업무)	나 · SF 소설 초고 쓰기
· 〈챗GPT〉 책 출간 (업무)	· 혼자 캠핑
· 가족과 한라산 등반 (가족)	· 체지방 줄이기
· 법인 설립 (업무)	가족 · 가을 캠핑 준비
· 친구들과 캠핑 (나)	· 하반기 해외여행 준비
· 아들과 보드게임 시작 (가족)	· 취미 시작하기
· 공중파 방송 출연 (업무)	업무 · IT 트립 기획
· 몸무게 74kg 달성 (나)	· 시간관리 이러닝 만들기
· 마라톤 시작 (나)	· 하반기 기부 강의 기획
· 유튜브 수익화 광고 수주 (업무)	
· 가족과 쿠알라룸푸르 여행 (가족)	

뒤로 미루지 말고 지금 바로 해보자.

지금 안하면 어차피 시간이 나도 안한다.

그러니 지금 당장 10분만 투자해 보자.

PART 1. 이기적 시간관리 - 워밍업

3 | 꿈과 계획의 차이는 '구체화'에 달려있다

     지금까지 시간관리 강의를 하며 수많은 사람들과 함께 계획을 세워봤는데, 대부분은 비슷비슷했다. '나'에 대한 계획에는 '운동하기' 혹은 '다이어트'가 가장 많았다.

  하지만 이렇게 하면 안 된다. 이렇게 계획을 세우면 이번 달도 당신은 목표를 이루기 힘들다. 구체적이지 않기 때문이다. 당신이 다트를 던질 때 눈을 감고 던지면 100개를 던져도 과녁을 맞출 수 없다. 이게 바로 우리가 평소에 계획하는 방식이다. 다트에 정확히 맞추기 위해서는 눈을 뜨고 제대로 조준해서 던져야 한다. 매달 계획을 세워도 이루는 게 없는 이유는 제대로 된 계획을 세우지 않았기 때문이다.

  여기서 필요한 게 바로 '구체화'다. 계획을 구체화하기 위해서는 다음의 3가지 원칙을 지켜야 한다.

- 첫째, 질문이 나오지 않게 하라.
- 둘째, 구체적인 숫자를 적어라.
- 셋째, 구체적인 날짜를 정하라.

⊘ 질문이 나오지 않게 하라 ⊘

누군가 당신의 목표를 보고 궁금해져서 질문을 한다면 그건 구체적이지 않은 것이다. 예를 들어 '운동하기'를 보면 궁금해진다. 무슨 운동을 한다는 거지? 달리기도 운동이고, 수영도 운동이고, 숨쉬기도 운동이다. 그러니 당신이 적어야 하는 목표는 '운동하기'가 아니라 '수영하기'나 '달리기'여야 한다. '여행하기'가 아니라 '제주도 여행가기'나 '여행 계획 세우기'다. '어머니 생신'이 아니라 '어머니 생신 선물 사기'다.

구체적으로 적어야 질문이 나오지 않는다. 이건 회사에서 보고를 하거나 받을 때도 마찬가지다. 구체적이지 않으면 서로 답답할 수밖에 없다.

⌣ 구체적인 숫자를 적어라 ⌣

숫자가 있어야 계획의 달성 여부를 측정할 수 있다. 따라서 '책 읽기'가 아니라 '책 3권 읽기'가 되어야 한다. '체중 감량하기'가 아니라 '2kg 감량하기'가 되어야 한다. 숫자가 들어가야 지금 당장 움직일 수 있고, 실제로 어느 정도 달성했고 달성하지 못했는지를 알 수 있다.

⌣ 정확한 날짜를 정하라 ⌣

마지막으로 '정확한 날짜'를 정해야 한다. 모든 계획에는 날짜가 있어야 한다. 언제 그 일을 시작할 것인지, 언제까지 그 일을 끝낼 것인지에 대해 날짜를 정하자. 날짜는 곧 데드라인이다. 내 인생이 소중하다면, 내 시간이 내 것이라고 생각한다면 인생에서 어떤 일을 할지 스스로 결정을 내려야 한다. 겨우 한 달이다. 달력을 보고 언제 그 일을 할 것인지 적는 것 정도는 누구나 할 수 있는 일 아닌가.

'9월 1일 헬스 등록하기' '9월 3일에 여권 갱신하러 가기' '9월 말까지 여행 계획 세우기' 등 구체적으로 날짜를 적어라. 그리고 그날에 그것을 실행하라. 당신이 미리 선택하지 않은 수많은 날들은 그다지 중요하지 않은 약속과 할 일로 낭비된다는 것을 잊지 말자.

구체적이지 않으면 우리는 그것을

꿈과 소망이라고 하지,

목표라고 하지 않는다.

꿈에 기한이 정해지면

그때서야 비로소 그 꿈은 목표가 된다.

4 | 지금 결심하고, 바로 시작하라

　　'지금 결심하고, 바로 시작하라.'

　어릴 적 다니던 중고등학교 교문 앞에 커다랗게 쓰여 있던 교훈인데, 지금도 어떤 일을 할까 말까 고민할 때마다 떠오르는 문구이다. 지금 결심했으면 바로 시작하자.

　언젠가 담배를 끊어야겠다고 생각했으면 언젠가가 아니라 지금 당장 결심하고 끊어야 한다. 금연보조제를 쓰거나 전자담배로 끊겠다는 결심이 얼마나 허황된 것인지 잘 알고 있지 않던가. 올해는 운동을 해야겠다고 생각했다면 내일로 미룰 게 아니라 지금 당장 나가서 걷기라도 시작하자.

　결심만 해서는 아무것도 이루어지지 않는다. 중요한 건 시작이다. 결심만 하고 아무것도 하지 않는다면 '결심중독'에 빠질 뿐이다. 그냥 시작하라. 작심삼일이면 또 어떤가? 3일만큼은 해본 것 아닌가. 언제든 다시 시작하면 된다. 작심삼일을 3번 반복하면 9일이 되고, 10번을 반복하면 한 달이다. 그러니 '시작할 거야'가 아니라 '하고 있어'라는 말을 습관으로 만들어 보자.

어떤 사람들은 자기가 하려는 일에 대해 시시콜콜 다른 사람들에게 이야기한다. 다른 사람들에게 '선언'하는 것이다. 물론 '선언'은 가장 좋은 동기부여가 될 수 있다. 다른 사람들에게 이야기하면 격려를 받을 수 있고, 이런 결심들에 대해 칭찬도 받을 수 있기 때문이다. '올해부터 건강해질 거예요. 매일 운동하겠습니다'라는 선언에, 누가 '당신은 해도 안 돼요'라며 찬물을 끼얹겠는가.

하지만 언제까지 그렇게 하겠는가. 누군가에게 허락을 구해야 하는 나이도 아니고, 당신이 시작할 때마다 매번 누군가가 박수쳐 주기를 기대할 수도 없다.

'시작할 거야'와 '하고 있어'는 글자 하나 차이에 불과하지만 그 차이는 아주 크다. 절대로 과거에 했던 일들을 기준으로 현재를 판단하지 말자. 흘러가 버린 과거의 시간은 절대로 바꿀 수 없다. 아직 오지 않은 미래의 시간 역시 선택할 수 없다. 하지만 현재는 가능하다. 현재의 선택으로 미래를 바꿀 수 있다는 것을 잊지 말자. 그러니 시작하는 현재를 선택하자.

이기적 시간관리
- 핵심 노하우

1장.

내 시간을 지키는
시간관리 노하우

1 정리하는 습관을 만들자

자, 이제 워밍업이 끝났다. 제대로 된 목표를 세웠으니 이제 그 목표를 향해 달려야 할 시간이다. 시간관리는 시간을 '정리'하는 것부터 시작해야 한다.

당신은 어렸을 때 부모님이 방 정리를 하라고 하면 어떤 생각이 들었는가? 뭔가 짜증나고, 하기 싫고, 막상 하려고 하면 어디서부터 해야 할지 모르겠고…. 그럴 때면 항상 나오는 부모님의 잔소리가 있다.

"제발 좀 버려라."

"사용한 물건 좀 제자리에 놔라."

지나고 보니 이 두 가지가 정리의 핵심이었다. 버리지 않으면 정리되지 않는다. 그리고 정리를 하려면 제자리에 두어야 한다. 이때 제자리를 유지하는 게 바로 '습관'이다.

데이비드 알렌 박사는《끝도 없는 일 깔끔하게 해치우기》라는 책에서 5단계 업무흐름 경영법, 일명 GTD^{Getting Things Done}를 설명한다. GTD의 핵심 프로세스는 방 정리하기와 비슷하다. 제대로 설명하려면 지면이 더 필요하기 때문에 여기서는 GTD를 기반으로 세컨드브레인연구소에서 만든 시간관리 방법 4단계를 소개한다.

⊘ 1단계) 모으기 ⊘

정리하기의 4단계 중 1단계는 '모으기'이다. 서랍 한 칸을 정리한다고 생각해 보자. 일단 큰 상자 하나를 준비해 서랍 속 모든 것들을 꺼내어 상자에 담는다. 이 단계에서는 바로 버리거나 정리해서는 안 된다.

⊘ 2단계) 버리기 ⊘

상자에 든 것 중 필요없다고 생각되는 것들을 버린다. 버리는 것들은 정말로 필요가 없어 버려야 하는 것들이 있고, 언젠가 쓰려고 가지고 있던 것들도 있고, 쓰긴 써야 하는데 지금 쓰기에는 아까워 안 쓰고 있는 것들도 있다.

우선 필요없는 것들은 무조건 버리자. 두 번째 언젠가 쓰겠지 역시 안 쓸 확률이 높다. 버리거나 아니면 중고마켓에 팔자. 마지막으로 쓰기 아까웠던 것들은 지금 포장을 뜯어 바로 사용하자. 당신이 아니면 누가 쓰겠는가.

⊘ 3단계) 제자리 두기 ⊘

이제 상자에 남아 있는 것들은 꼭 서랍에 들어가야 할 것들이다. 하나씩 꺼내서 제자리를 정해준다. 이것저것 섞이지 않도록 서랍에 칸막이를 설치해 구분하는 것도 좋다. 이왕이면 나중에 잘 찾을 수 있도록 견출지에 메모해 태그를 붙여놓자.

⊘ 4단계) 유지하기 ⊘

필요한 물건들만 제자리에 두었다면 다음부터 서랍에 넣어야 할 물건이 있을 때에는 알맞은 곳에 구분해서 넣는다. 만약 구분이 어렵다면 쑤셔 넣지 말고 빈 박스를 준비해 일단 그곳에 임시 보관한 후 옮긴다. 깔끔하게 유지하는 게 목표다.

정리는 한 번에 끝나지 않는다. 정리는 해도 해도 다시 엉망이 된다. 시간관리와 일정관리, 할일관리도 마찬가지다. 항상 시간은 없고, 약속은 놓치고, 할 일은 끝나지 않는다. 그렇다면 어떻게 해야 할까? 쉽다. 주기적으로 정리하는 것이 답이다.

2 | 시간낭비 습관부터 버리자

　　살아가다 보면 우리는 좋은 습관보다 나쁜 습관이 더 많이 생긴다. 그래서 지금과 다른 삶을 살고 싶다면 우리가 버려야 할 첫 번째가 바로 '나쁜 습관'들이다. 건강해지고 싶다면 몸에 좋은 것을 먹기보다 몸에 안좋은 것을 먹지 말아야 한다.

　　그럼, 우리가 먼저 버려야 하는 나쁜 습관들은 어떤 것이 있을까? 우선 3가지 시간낭비 습관부터 버리길 권한다. '내일부터 시작해야지' '쓸데없는 완벽주의' '계획 없는 쿨함'이 바로 그것들이다.

⊙ 내일부터 시작해야지 ⊙

　　우리에게 남은 시간은 한정되어 있다. 우리는 시간 창조자가 아닌 시간 소비자다. 오늘 해야 할 일은 오늘 끝내고, 내일 할 일은 내일 하는 것이 좋다. 하지만 꼭 해야겠다고 생각했던 일이라면 시작은 오늘이 되어야 한다. 만약 '오늘부터 책을 써야지'라고 생각했지만 정말 시간이 없다면 오늘 잠들기 전에 워드 프로그램을 열고 제목 한 줄이라도 쓴 후 내일 무슨 내용을 쓸지 미리 키워드라도 정리해 두자. 운동을 하기로 마음먹었다면 내일 몇 시에 일어나 어떤 운동을 할 것인지 미리 생각해 놓자. 더 이상 미루지 말자.

⌣ 쓸데없는 완벽주의 ⌣

가장 큰 시간낭비 중 하나가 '쓸데없는 완벽주의'다. 물론 그렇다고 해서 일을 대충하라는 건 아니다. 어떤 일을 할 때 핵심을 찾아 그 일은 완벽하게 처리하고, 나머지 부수적인 일들에 대해서는 너무 많은 신경을 쓰지 말라는 이야기다. 예를 들어 책을 쓸 때 작가가 미칠 정도로 강박증을 가지고 완벽하게 작업해야 하는 건 '전달하고자 하는 내용'이다. 자신이 생각했던 것들을 온전하게 풀어서 하나하나 제대로 설명해야 한다. 특히 근거로 내세웠던 내용들이 틀리거나 다른 사람의 문장을 표절했거나 하면 이건 정말 심각하다. 그 외 본문의 구성, 폰트, 디자인 등 다른 부분들은 출판사를 믿으면 된다.

⌀ 계획 없는 쿨함 ⌀

계획이 없다는 건 자랑이 아니다. 누구나 계획을 가지고 있어야 한다. 계획 없이 하루를 시작하면 무엇부터 해야 할지 고민하다 아무것도 결정하지 못한 채 일의 폭포에 휘말리게 된다.

만약 내일 오전에 중요한 프레젠테이션을 해야 한다고 생각해 보자. 당연히 완벽하게 자료를 준비해야 한다. 이걸로 충분하지 않다. 미리 PT 장소에 가서 동선을 짜야 한다. 시작할 때에는 여기서 인사를 하고, 본론을 이야기할 때는 저쪽으로 이동을 생각하고, 시연할 때에는 이렇게 움직여야 하고…. 머릿속으로 내일 자신의 모습을 한 번 그려보는 것과 아닌 것은 큰 차이를 가지고 온다.

다른 사람들과 일을 할 때는 더욱 신경써야 한다. 세세하게 어떤 일을 할지 결정하기보다 닥치는 대로 하는 게 더 유연한 방법이라고 말하는 사람들이 있다. 딱 망하기 좋은 사람들이다. 유연하다는 건 어느 정도 정리가 되어 있고 계획이 세워져 있을 때

가능한 일이다. 수많은 선수들이 경기 전에 같은 동작을 훈련하는 이유가 무엇이겠는가? 갑작스러운 돌발상황에 대비하기 위함이다. 당신의 쿨함은 결국 다른 사람의 시간을 낭비하는 스트레스가 된다는 것을 잊지 말자.

거창한 계획이 아니어도 좋다. 어떤 일을 시작하기 전에 종이와 펜을 들고 계획을 세워라. 계획되지 않은 삶은 낭비로 이어진다.

3 | 시간을 주도하는 4가지 노하우

　　하루 종일 수많은 일을 처리하면서 스트레스 받아 녹초가 되는 날이 있고, 똑같이 수많은 일을 처리했지만 뭔가 시원하게 풀리는 날이 있다. 이 차이는 오늘 하루를 끌려 다녔느냐, 끌고 갔느냐에 있다. 오늘 하루를 내가 계획한 대로 주도한 하루는 자신감을 준다. 내 시간을 주도적으로 관리할 수 있는 4가지 노하우를 준비했다.

⌣ 전화보다 문자 주세요 ⌣

　　조용한 사무실, 간만에 집중하며 열심히 일하고 있는 당신의 집중력을 무너트리는 적 중의 하나는 '전화'다. 전 세계 누구와도 가장 빠르게 소통할 수 있는 수단이지만 그만큼 피해도 크다. 전화를 한다는 건 상대방이 지금 무슨 일을 하고 있는지, 어떤 상황에 있는지에 대한 배려 없이 '일단 내 전화를 받아'를 뜻하기 때문이다. 물론 아주 급한 상황이거나 친한 친구나 연인 사이에는 전화가 더 좋다. 하지만 이런 상황이 아니라면 카카오톡, 사내 메신저, 문자 등으로 소통하는 것이 좋다.

코로나 팬데믹 이후 재택근무가 늘어났다. 수많은 사람들이 만나지 못하는 상황에서 어떻게 해서든 연결되어 일을 해야 하다 보니 ZOOM이나 슬랙과 같은 소통수단을 많이 이용했다. 하지만 이전과 다른 근무환경이다 보니 소통방식이 달라져야 함에도 불구하고 많은 사람들이 이전과 같은 방식을 원했다.

'잠깐 대화 가능하세요?' '시간 괜찮을 때 연락주세요~'

얼핏 보면 상대방의 시간을 배려하는 정중한 표현처럼 보인다. 하지만 이런 소통 역시 근무환경에 따라서는 불편할 수도 있다. 특히 만나지 못하는 상황에서의 소통은 좀 더 직접적이고 간결해야 한다. 상대방이 당신과 언제든 실시간으로 대화를 하기 위해 대기하고 있는 건 아니기 때문이다. 따라서 처음부터 원하는 것을 정확히 이야기하는 게 좋다.

나의 경우 고객사에서 오는 문의의 대부분은 '일정 확인'이다. 나와 오래도록 함께했던 고객사 담당자들은 카톡이나 문자로 전달하고자 하는 내용을 바로 보내준다.

강사님. 일정 확인 부탁드립니다.

일시 : 9월 5일 오후 2~4시(2시간)

장소 : 서울 종로구(종각역 인근)

대상 : 신입직원

내용 : IT 트렌드를 읽는 5가지 키워드

얼마나 깔끔한가? 반면 '강사님, 시간 되실 때 전화 부탁드립니다' '강의 일정 확인 차 연락드립니다'라는 문자는 친절하기는 하지만 어차피 전화를 해서 강의 일정을 확인해야 하다 보니 각자의 시간을 더 소비하게 된다. 잘 정리된 메시지는 전화보다 낫다는 걸 기억하자.

⊙ 습관적인 야근은 이제 그만 ⊙

가장 나쁜 시간낭비 습관 중 하나가 바로 '습관적인 야근'이다.
2017년 〈커리어〉에서 직장인 704명을 대상으로 '야근 실태'에 대해 조사한 결과에 따르면 주 4회 이상은 10.94%, 3회 이상은

17.19%로 나타났다. 야근의 이유는 업무량이 50%, 회사의 관행이 20%였다.

2023년은 어떨까? 잡코리아가 직장인 855명을 대상으로 '일중독 실태'에 대해 설문조사한 결과를 보면 일주일 평균 야근일수는 3일이 33.3%로 가장 많았고 2일은 20.5%였다. 야근이 줄어든 게 아니라 더 늘어났다.

'습관적인 야근'은 대부분 이런 문화를 만든 선배들의 잘못이 크다. 과도하게 주어진 업무는 야근을 안할 수 없게 만든다. 따라서 기업문화가 바뀌지 않으면 안 된다. 하지만 우리가 진짜로 경계해야 하는 건 '혼자만의 시간을 위한 습관적 야근'이다. 일과시간 중에는 누구나 바쁘다. 하루 종일 사람들을 만나야 하고, 차분히 일을 하려고 하면 어느새 퇴근시간이 된다. 이때부터 일을 하다 보면 매일매일이 야근이 된다. 야근이 습관이 되면 조용한 저녁시간이 오히려 편해진다.

일과시간 중에 일을 끝내지 못하는 이유는 대부분 주변의 '방해요소' 때문이다. 전화, 문자, 카톡, 메일, 갑자기 잡힌 회의, 늦은 오후에 오는 지시사항 등 무수히 많은 요소들이 우리의 집중을 방해한다. 물론 이 요소들을 다 배제하고 혼자 일할 수는 없겠지만 조금이라도 개선해 보자. 일단 마음가짐이다. '일과시간 중에 일을 다 끝낸다'라는 마음가짐으로 일을 처리하자. 시간이 모자란다면 점심은 김밥이나 샌드위치로 때우자. 다이어트도 되고 일석이조다.

⊙ 고민은 10분만 ⊙

나 역시 고민하고 고민하고 또 고민하는 사람이다. 사소한 물건을 살 때도 그렇고, 중요한 물건을 살 때도 그렇고, 인생에 있어서 중요한 결정과 사소한 결정을 할 때도 그렇다. 이처럼 우리는 일생을 고민하지 않고 살아갈 수는 없다. 다만 '정보수집'과 '고민'은 구분할 필요가 있다. 당신이 판단을 내리기 전까지, 즉 결정하기 전까지 자료를 조사하고 모으는 '정보수집' 단계는 '고민'의 단계가 아니다. 마땅히 해야 할 일이다.

예를 들어 집의 작은 방에 에어컨을 설치하기로 했다(이 예시는 일상생활에서 벌어질 수 있는 수많은 다른 사례들로 바꾸어 생각해도 된다). 가장 쉬운 방법은 동네 하이마트와 같은 가전제품 전문점에 가서 상담받는 일이다. 아무 고민할 필요 없이 상담받고 결정하면 된다. 나의 경우는 일단 살고 있는 'ㅇㅇ아파트'와 '에어컨 설치'라는 키워드로 네이버를 검색해 비슷한 사례를 찾아본다. 같은 아파트의 작은 방에 설치한 사례가 있는지 확인 후 이번에는 에

어콘의 종류를 확인한다. 이 방에 실외기를 단다면 벽을 깨서 홈을 파야 했다. 그래서 천장형은 포기하고, 다른 후보군을 검색하다 보니 창문형 에어콘과 이동형 에어콘이 있는 것을 알게 됐다. 다시 검색에 들어가 장점과 단점을 찾았다. 블로그에서 유튜브까지 좋은 정보가 넘쳐나는 세상이다. 이렇게 시간을 잡고 다양하게 검색을 하다 보면 많은 것을 알게 된다. 모든 자료를 검토했고 이제 더 이상 검토할 자료가 없다면 결정의 시간이다.

이때 결정을 위해 고민하는 시간은 10분을 넘기지 않는다. 그 이상을 쓰는 건 낭비다. 만약 이렇게 내린 결론이 '지금 사기에는 이르다'로 결정되더라도 괜찮다. 자료를 수집하며 얻은 정보들은 언젠가 분명 도움이 되는 정보들이다. 이 정보를 토대로 다음 번 결정할 때 시행착오를 줄일 수 있다.

투자의 경우도 마찬가지고 일을 할 때도 마찬가지다. 경쟁 PT를 준비하다 결국 떨어졌더라도 다음 번 비슷한 PT를 위한 경험이 될 수 있다. 심지어 이직을 결정할 때도 마찬가지다. 현재 있는 회사의 장점과 단점, 다른 회사로 이직했을 때의 장점과 단점을 충분히 납득될 때까지 고민해 본다(이왕이면 종이에 적어두자). 그리고 결정을 내린다. 결정을 내리기 어렵다면 다른 이들에게 조언을 구해도 좋다. 하지만 마지막 결정을 내리는 고민의 순간은 역시 10분이다.

이때 조심해야 할 게 있다. 절대 후회하지 말자. 살아가면서 절대로 후회하지 않는다는 게 쉽지는 않겠지만, 선택하고 결정을 내렸다면 부도덕한 일임을 알았거나 정말 큰 실수를 저질렀을 경우가 아니라면 후회하지 말자.

⊘ 시간이 없다면 때로는 거절하라 ⊘

정말 시간이 없는 데도 불구하고 계속해서 다른 일을 맡게 되는 경우가 있다. 당신이 평소 시간관리를 잘하고 일을 잘한다는 평가를 받고 있다면 더욱 그렇다. 그런데 한계까지 도달해 일을 하다 보면 정말 쓰러지는 날이 온다. 그때가 되면 쉬고 싶지 않아도 강제로 쉬게 된다. 그러니 그날이 오기 전에 거절할 필요가 있다.

'혹시 시간 있으면 도와줄 수 있을까? 재고조사 중인데 시간이 너무 걸려서….' 딱 봐도 혼자 할 수 있는 일인데, 이런 부탁은 참 거절하기 어렵다. 하지만 호의가 계속되면 호구인 줄 안다. 뭔가를 부탁하기 전에 스스로 방법을 찾아보다 정 안 되어 오는 경우라면 들어줄 수 있다. 그런데 무턱대고 부탁해 오는 사람이라면 거절하자. 무조건 '착한 사람'이 될 필요는 없다. 정작 황당한 건 그 일을 도와주느라 당신은 야근해야 하는데, 도움을 요청한 사람은 칼퇴근을 하는 경우다.

우리가 다른 사람들에게 보여줘야 하는 평소 모습은 '언제나 여유있고 누구라도 도와줄 수 있는 모습'이 아닌 '언제나 바쁘지만 항상 빠르게 일을 처리하며 의욕 넘치는 모습'이다. 평소 바빠 보이면서 확실하게 일을 하는 모습을 보이면 쉽게 일을 부탁해 오지 못한다.

불필요한 전화 통화 역시 거절하는 습관을 들여보자. 열심히 일을 하고 있는데 전화가 걸려온다면 스마트폰에서 전화 거절 버튼만 누르면 된다. 정말 중요한 전화라면 받아야겠지만 그렇지 않다면 '다시 전화드리겠습니다'라는 메시지를 보내는 것만으로 충분하다. 지금은 일단 집중해서 일을 끝내고 전화를 하면 된다.

물론 사람들의 부탁에 거절하는 것은 쉽지 않은 일이다. 하지만 그 잠깐의 미안함이 당신에게도 도움되고 상대방에게도 도움이 될 수 있다. 그러니 거절이 필요할 때는 깔끔하게 거절하자. 마음이 내키지 않는다면 안하는 게 시간을 버는 길이다.

4 | 삶의 루틴을 만들어라

　　루틴은 반복되는 일상적인 활동이나 패턴을 뜻한다. 우리는 코로나 팬데믹으로 인해 일상의 바뀜을 직접 경험했다. 재택근무와 재택수업으로 인해 집에 있는 시간이 길어졌고, 저녁 10시에는 상점들이 문을 닫다 보니 집에 일찍 들어가야 했다.

　　아침에 일어나 헬스장에서 운동을 하거나, 퇴근 후 친구들과의 약속 등 일상의 고정된 시간이 사라지다 보니 생긴 건 자유가 아니라 오히려 무엇을 해야 할지 모르는 방황의 시간이었다. 일상에서의 고정된 시간이 없다면 이것저것 할 수 있는 일들이 더 많아질 거라 생각했지만 오히려 시간은 더 부족했다. 보통 출퇴근이 정해져 있다면 나를 위해 쓸 수 있는 시간이 적다 보니 그 시간을 어떻게 해서든 활용하게 된다. 하지만 하루의 일과를 직접 결정해야 하는 상황에서는 무엇을 해야 할지 몰라 방황하는 시간이 더 길어지고, 결국 아무것도 못했는데 시간만 흘러간다.

이때 빠르게 정신을 차리기 위해서는 '루틴'을 회복해야 한다. 루틴은 우리의 삶에 질서를 부여하는 습관이다. 이를 조금 더 고급스럽게 '리추얼'이라고도 한다. 메이슨 커리의 《리추얼 - 세상의 방해로부터 나를 지키는 혼자만의 의식》에서는 리추얼을 '일상을 의미있게 만드는 기술'이라고 표현했다. 이 책에는 무라카미 하루키 외에도 수많은 유명인들의 이야기가 나오는데, 이들에게서 3가지 공통적인 루틴을 찾을 수 있었다. 바로 '성실함' '오전 활용' '규칙적인 일상 지키기'다. 이들은 자신과 약속했던 일이 있다면 반드시 지키고, 12시가 되기 전에 중요한 일들을 미리 끝내고 오후는 여유있는 시간을 보냈다. 마지막으로 규칙적인 일상을 지키려 노력했다. 규칙적인 일상이 있다면 낭비되는 시간을 줄일 수 있기 때문이다.

물론 각자의 상황이 다르기 때문에 모두가 이러한 루틴을 지킬 수는 없다. 다만 자신만의 '루틴'과 '리추얼'을 가지는 건 분명 무너졌던 일상을 다시 세우는데 큰 도움이 된다. 어떻게 살아가야 할지 몰라 답답하다면, 번아웃이 왔다면, 지쳐서 아무것도 하기 싫다면 루틴을 회복하는 것부터 시작하자. 반복되는 루틴으로 삶의 온도를 높여보자. 가장 쉬운 루틴 3가지부터 시작해 보자.

⏱ 3대 루틴(독서, 운동, 할 일) 시작하기

일상을 회복시키는 가장 쉬운 루틴은 '독서' '운동' '할 일'이다. 이 중에서 나에게 가장 맞다고 생각되는 것부터 시작하면 된다.

1) 독서 루틴

독서는 기본 중의 기본이다. 2020년 기준 성인의 연평균 독서량은 4.5권이다. 이마저도 오디오북 독서가 추가된 숫자이며, 종이책을 기준으로 하면 월 평균 독서량은 0.8권으로 1권이 채 되지 않는다. 이 말은 당신이 한 달에 1~2권 정도만 읽어도 다른 성인들마다 더 많은 지식을 채울 수 있다는 말이다. 웹툰과 웹소설은 어떨까? 웹소설을 무시하는 건 아니지만 너무 흥미 위주의 책을 읽는 건 루틴을 세우는 데 도움이 되지 않는다. 루틴을 만들기 위한 독서는 어렵고 복잡한 책이 아니라 베스트셀러가 좋다. 베스트셀러가 되었다는 건 그만큼 공감을 많이 얻었다는 것을 뜻하기 때문이다. 《타이탄의 도구들》《4시간》《바빌론 부자들의 돈 버는 지혜》와 같은 '동기부여'에 대한 책도 좋다.

책의 내용을 다 읽지 않아도 된다. 매일매일 책을 읽는 것 자체를 습관으로 만들면 된다. 그렇다면 독서시간은 어느 정도로 잡아야 할까? 책 읽는 습관이 아예 없다면 하루 5~10분 정도만 도전해 보자. 하루 10분을 무시하지 말자. 진지하게 읽기 시작하면 10~30페이지는 거뜬히 읽을 수 있는 시간이다. 하루 일과를 세울 때 5~10분 정도를 세팅해 두자. 내가 가장 추천하는 시간은 아침이나 저녁 차를 한잔 마실 때다(차를 한잔 마시거나 물을 한잔 마시는 것을 루틴으로 삼아도 좋다).

10분을 훌쩍 넘겨서 50분 정도를 세팅하면 어떨까? 이건 추천하지 않는다. 덩어리로 묶인 시간을 할당하게 되면 매일매일 기분 좋게 독서하는 게 아니라 '이때는 반드시 이걸 해야 해!'라는 숙제가 된다. 책을 읽는 게 재미있어지기 시작했다면 그때부터는 시간이 될 때마다 읽고 싶은 책들을 꺼내 읽으면 된다. 갑작스럽게 시간이 생겼을 때 SNS나 유튜브를 보는 것보다 정제된 지식을 쌓을 수 있다. 무엇보다도 지하철이나 커피숍에서 책 읽는 사람이 점점 줄어들고 있기에 매력적으로 보이기까지 한다.

2) 운동 루틴

'올해는 꼭 운동해야지' '살을 빼야지' '다이어트를 해야겠어'

영어 공부하기, 운동하기, 가계부 쓰기. 이 세 가지는 결심만 하고 잘하지 않게 되는 3대장이다. 이 중 운동은 정말 어렵다. 운동이 특히 어려운 이유는 운동할 시간을 내기 어렵기 때문이다.

출근 전에 운동을 하기도 그렇고, 퇴근 후에는 약속이나 야근이 많으니 시간을 내기 어렵다. 주말은 주말대로 약속이 많다. 그렇다 보니 많은 사람들이 PT를 받거나, 함께 운동할 파트너를 찾는다. 시간이 있더라도 의지가 부족하기에 PT 선생님들과 같이 운동하는 걸 필수라고 생각하는 사람들도 있다. 이건 각자 알아서 할 부분이니 여기서는 '운동할 시간을 어떻게 내서 루틴으로 만들 수 있는가'에 집중해 보자.

먼저 운동을 어렵게 생각하지 말자. 꼭 수영을 하거나 PT를 받거나 필라테스를 해야만 운동이 아니다. 평소 걷는 게 부족하다면 걷기만 해도 운동이고, 달리기만 해도 운동이며, 맨손체조를 해도 운동이다. 출근길 한두 정거장을 먼저 내려서 걸어가도 되고, 퇴근길도 마찬가지다. 이렇게 조금이라도 걸으면 운동이 된다. 아니면 매일 출퇴근할 때 엘리베이터 대신 계단으로 걸어다니는 것도 좋다. 처음에는 죽을 것 같이 힘들어도 곧 익숙해진다.

둘째, 운동하는 시간은 고정해 두는 게 좋다. 매일 아침 눈을 뜨자마자 또는 자기 전에 30분 이상을 빼두자. 도무지 시간이 나지 않는다면 조금 일찍 일어나면 된다.

셋째, 집에서 혹은 집 가까운 곳에서 시작하자. 마음에 드는 헬스장이 20~30분 가량 걸어가야 하거나 차를 타고 가야 한다면 이동하는 데에도 결심이 필요하고 시간이 소요된다. 이 시간을 아껴야만 운동할 시간을 확보할 수 있다.

지금부터 가벼운 운동을 매일 시작해 보자. 인생의 후반전은 전반전에 비축해 놓은 체력으로 지내야 한다. 몸이 아프면 인생 계획이나 시간관리가 무슨 소용 있겠는가.

3) 할 일 루틴

'할 일 루틴'이란 하루 계획을 세우는 것을 말한다. 하루를 시작할 때 미리 계획을 세우고 시작하느냐 아니냐는 완전히 다른 하루를 살 수 있게 한다. 미리 계획을 세웠다면 수많은 변수에 대응할 수 있기 때문이다. 할 일 루틴을 만드는 방법은 Part 3에서 조금 더 자세하게 설명해 놓았다.

여기서는 언제 어떻게 해야 하는지만 이야기해 보자. 전작 《하루 3분 시간관리》라는 책에서 제목을 '하루 3분'이라 지은 건 이 때문이다. 딱 3분 정도 시간을 내서 오늘 당장 해야 할 일을 생각하고 적어보자. 이 루틴은 매일 아침에 하면 가장 좋다. 아니면 전날 잠들기 전에 미리 해놓아도 좋다. 이 습관은 '지금 뭐해야 하지?'라는 방황을 줄이고, 빠르게 일을 시작할 수 있게 해준다.

2장.

하루의 중심을
잡아주는
일정관리 노하우

① 일정관리는 신뢰다

       시간관리는 크게 '일정관리'와 '할일관리'로 나눌 수 있다. 일정관리를 '약속관리'라고 부르기도 하는데, 일정의 대부분이 다른 사람들과의 '약속'으로 이루어져 있기 때문이다.

    일정관리는 기본적으로 '신뢰'를 기반으로 한다. 만약 8명의 사람들이 TF를 이루어 한 팀이 되었다고 생각해 보자. 각자 능력 있는 사람들이 모였겠지만 실제 일을 시작하기 전에는 누가 일을 잘하고 누가 못하는지 알 수 없다. 이때 우리가 상대방을 평가할 수 있는 가장 기본이 되는 건 출근시간과 퇴근시간, 회의시간 등 약속한 시간을 제대로 지키는 것이다. 남들보다 10분 일찍 나오는 사람이 있는가 하면 항상 조금씩 늦는 사람이 있다. 이런 사소한 것 하나로 그 사람에 대한 신뢰가 결정된다.

    따라서 어떤 회사나 조직 혹은 커뮤니티에서 함께하게 될 때에는 절대로 약속시간에 늦지 말아야 한다. 이렇게 사소한 신뢰를 쌓아놓게 되면 혹시 실수로 늦는 날이 있더라도 '그 친구 무슨 일 있나 본데, 절대로 늦는 친구가 아닌데'라는 기본적인 믿음이 생긴다.

이처럼 우리가 한 달, 한 주, 하루 계획을 세울 때 가장 먼저 생각해야 하는 것이 바로 다른 사람들과의 '약속'이다. 이 약속을 나는 '빅스톤', 즉 커다란 돌이라고 생각한다. 그 이유는 다음과 같다.

큰 항아리가 하나 있다. 이 항아리에 큰 돌과 작은 돌 그리고 모래를 넣어야 한다. 당신은 무엇부터 넣겠는가? 당연히 큰 돌부터 넣어야 한다. 그래야 빈 자리에 작은 돌을 넣고, 틈 사이에 모래를 뿌려서 넣을 수 있다. 우리의 일정 계획도 마찬가지다.

우선 하루를 24시간이라는 항아리라고 가정했을 때 우리는 큰 돌을 가장 먼저 채워야 한다. 시간관리에서의 큰 돌은 '약속'을 말한다. 약속시간은 나만의 약속이 아니라 다른 사람과 함께 하는 것이기 때문에 '빼도 박도 못하는' 중요한 일이다. 게다가 약속시간에 늦는다면 자기 자신의 시간뿐 아니라 다른 사람의 시간까지 낭비하게 된다. 이런 일이 반복되면 아무리 일을 잘하는 사람이라도 신뢰하기 힘들다.

2 | 약속시간에 절대로
      늦지 않는 법

항상 약속시간에 늦는 사람들이 있다. 처음에는 '그럴 수도 있지'라고 생각하지만 계속 늦게 되면 아예 그 사람과의 약속시간은 늦을 걸로 예상하고 잡는다. 그런데 만약 항상 늦는 사람이 당신이라면 참 곤란하다.

약속시간에 절대로 늦지 않는 방법이 있다. 바로 '일찍 가는 것'이다. 일찍 가면 모든 게 해결된다. 예를 들어보자.

오늘 저녁 7시에 강남역에서 약속이 있다. 지금 시간은 5시, 합정역에서 강남역까지 대략 1시간 정도 걸리니 6시쯤에 출발해도 될 것 같다. 그렇다면 아직 출발시간까지 1시간 정도 남아있는 셈이다.

그럼 당신은 남은 1시간 동안 무엇을 할 것인가? 시간낭비를 줄이기 위해 책을 읽거나 밀린 일을 정리할 수 있다. 하지만 최선의 선택은 5시에 약속 장소로 출발하는 것이다. '아니 1시간이나 일찍 가서 뭘하려고?'라고 생각할 수 있겠지만 일찍 도착해 지하철 벤치에 앉아 책을 읽어도 되고 넷플릭스를 봐도 된다. 커피숍에서 커피 한잔 마시며 내일 할 일을 정리해도 된다. 커피값이 들더라도 그 돈을 내고 여유시간을 샀다고 생각하면 된다.

⊘ 약속시간에 일찍 가야 하는 이유 ⊘

그럼 왜 일찍 가야 하는 걸까? 사무실에서 일을 하다 시간에 맞춰 출발하면 안 되는 걸까? 일찍 가야 하는 데에는 2가지 이유가 있다.

하나는 지금 출발하게 되면 1시간이라는 여유가 있기 때문에 무슨 일이 생기더라도 대응할 수 있다. 만약 1시간 남짓을 사무실에서 일하다 출발한다고 가정해 보자. 지하철역까지 갔는데 지갑을 두고 왔을 수도 있고, 하필 지하철 사고로 연착이 될 수도 있다. 어떤 일이 벌어질지는 아무도 모르는 일이다. 이처럼 내가 컨트롤할 수 있는 시간은 대응할 수 있는 시간이 되지만, 컨트롤할 수 없는 시간은 변수가 된다.

두 번째는 일찍 가면 마음이 편하기 때문이다. 약속시간에 늦어서 가슴 졸여 본 경험이 있는가? 당연히 누구나 있을 것이다. 오래 전, 주말에 지방 강의를 위해 일찍 집에서 나섰다. 평소 1시간이면 충분히 가는 거리라 30분 정도 여유있게 일찍 출발했다. 그런데 하필 이날이 그 지역에 행사가 있는 날이었다. 차가 기어가기 시작하더니 급기야 10분이나 늦고 말았다. 교육담당자에게 전화가 올 때마다 '가고 있습니다' '조금 늦습니다'라고 말해야 하는 상황이 미칠 지경이었다. 그 이후로 다시는 강의에 늦지 않는다. 왠만하면 1시간 전에는 도착해 근처 커피숍에서 강의를 준비한다.

이처럼 '마음이 편한' 게 진짜 시간관리라는 것을 잊지 말자. 그러기 위해서는 내 스스로 '시간에 대한 개념'을 만들어야 한다. 내 시간이 소중한 만큼 다른 사람의 시간도 소중하다는 생각, 자주 늦는 건 상대방을 무시하는 행위라는 생각, 5분 늦는 것보다 50분 일찍 가는 게 낫다는 생각을 가지자.

마음의 여유를 가지고
일찍 움직이면
절대로 늦지 않는 일정관리가 가능하다.

3 | 약속을 주도하는
2가지 노하우

     다른 사람과 일정을 잡을 때에도 가급적 주도권을 가지는 게 좋다. 처음부터 자신에게 유리한 방향으로 이야기하지 않으면 나중에 반드시 불편한 상황이 생기게 된다.

⊙ 언젠가는 없다. 약속은 구체적으로 잡자 ⊙

"야, 오랜만이다. 언제 얼굴 한 번 봐야지."

"언제 밥 한 번 먹어야지."

"언제 시간 나면 한 번 들려~"

    친구들이나 지인들 사이에 흔히 하는 이야기다. 이 말들의 공통점은 '언제'다. 그런데 우리는 '언제' 얼굴을 보고 밥을 먹고 잠간 만날 수 있을까? 글쎄, 어렵지 않을까? 이 간단한 말에도 '일정 관리의 주도권'이 숨어 있다.

누군가 당신에게 '언제 한 번 보자'라는 말을 했다면 여기서의 '언제'는 당신이 시간이 될 때가 아니라 그 사람이 시간될 때 연락하겠다는 말이 숨어 있다. 그 '언제'를 기다려 봤자 당신만 손해다. 그렇다면 어떻게 해야 일정관리의 주도권을 가져올 수 있을까? 아주 간단한 방법은 '언제'를 구체적으로 묻는 것이다.

"그럼, 다음 주는 어떠세요?"

조금 좋아졌다. '언제'라고 다시 되묻는 게 아니기에 조금 구체적이면서도 자연스러워졌다. 하지만 여기에도 문제가 있다. '다음 주'는 7일로 이루어져 있다. 물론 영업일수만 계산한다면 5일이 되겠지만, 이 역시 선택지가 너무 많다. 따라서 선택지를 줄여야 한다. 이때 먼저 당신의 캘린더를 꺼내 앞으로 1~2주 안에 당신이 가능한 날짜와 시간을 확인한다. 그리고 두 날짜를 제안한다.

"혹시 다음 주 월요일 오후나 목요일 점심은 어떠세요?"

사람들은 이렇게 '선택지'를 받으면 '선택'을 해야 할 것 같은 압박을 느낀다고 한다. 협상의 아주 기본적인 원칙 중 하나이다. 상대방이 두 날짜 모두 안 된다고 해도 괜찮다. 당신은 제안을 했고 상대방은 거절을 했으니 상대방에게는 시간의 빚을 지웠다. 빚을 진 상대방은 대부분 이렇게 이야기한다.

"죄송하지만 제가 둘 다 안 되는데, 수요일이나 금요일은 어떠신가요?"

어떤가? 막연했던 '언젠가'에서 조금 더 구체적이 되었고, 상대방에게 시간의 빚까지 지우게 됐다.

만약 한 명이 아니라 여러 명이 약속을 잡을 때에는 어떨까? 단톡방에서 이런 이야기가 오갈 때가 있다.

'언제 얼굴 한 번 봐야지, 다들~'

다시 또 '언제'다. 이래서야 만날 수 없다. 가장 좋은 건 역시 선택지를 주는 일이다. 이왕이면 확실하게 만날 수 있는 한 사람과 미리 약속을 잡아놓고 단톡방에는 이런 식으로 제안한다.

'이번 달에 한 번 봐야죠~ 19일이나 23일 저녁 어떠세요~ 장소는 강남역 근처로 하려고 합니다. 의견 주세요~'

이렇게 하면 적어도 1명 이상은 시간이 되는 사람이 생기고, 모두가 모이지 않으면 둘만 봐도 된다. 만약 당신이 여러 번 시도해도 시큰둥하고 장소잡기도 어렵다면 과감히 포기해라. 시간 낭비다. 특히 약속을 남발하는 친구들(언제 봐야지~) 중에는 적극적으로 보자고 나서면 대화가 이어지지 않고 지지부진한 경우가 많다. 이럴 때 역시 과감히 포기하는 게 좋다. 괜히 마음의 상처만 입고 시간은 시간대로 쓰게 된다. 만나봐야 좋지도 않다. 그 시간에 차라리 잠이나 자고 좋아하는 일을 즐기자.

⊘ 만나기로 했다면 장소도 함께 결정하라 ⊘

A강사님과 점심시간에 강남역 교보타워 앞에서 만났다.

"잘 지내셨죠~ 식사 하셔야죠. 뭐 드시러 가실래요?"

보통 점심시간의 첫마디는 이렇게 시작한다. 그리고 다음에 이어지는 말은 대체로 다음과 같다.

"네. 아무거나 괜찮습니다." 대부분 이렇게 말한다. 이게 문제다. 점심시간에, 그것도 강남역 같은 번화가에서 아무 곳이나 가면 아무것도 제대로 먹지 못하고 쓸데없이 시간만 낭비한다. 그렇다면 어떻게 해야 할까? 당연히 미리 결정해야 한다.

B강사님과 강의장에서 만나 다음 주에 식사를 하기로 했다. "그럼, 강의 잘 하시고요. 다음 주 목요일 점심 때 봬요~" 그런데 뭔가 빠진 게 있다. '장소'다. 약속을 잡을 때 장소도 함께 결정해야 한다. 장소를 지금 잡지 않으면 또다시 연락해야 하는 번거로움이 생기기 때문이다. 지금 약속을 잡을 때 어디서 만날지 무엇을 먹을지 결정할 수 있다면 결정하라. 어차피 인생 맛집은 인터넷만 열면 다 찾을 수 있다. 빠르게 맛집을 검색해 두세 개 정도 의견을 교환하며 결정짓자. 좀 더 여유가 있다면 식당에 전화해 미리 예약해 두는 것이 좋다. 장소를 정해 놓고 식당에 갔는데 자리가 없어서 다른 곳을 가게 되는 경우도 생길 수 있다.

4 | 디지털 일정관리 시스템을 만들어라

약속시간과 장소를 잡았고, 예약까지 마쳤으면 이제 무엇을 해야 할까? 바로 '기록'이다. 이때 기록을 위한 도구는 어떤 걸 쓰더라도 관계없다. 아날로그가 좋다면 다이어리에 쓰면 되고, 디지털이 편하다면 스마트폰에 기록하면 된다.

나는 아날로그 다이어리를 너무 좋아해 한때 두세 개의 다이어리를 가지고 다니기도 했었다. 하지만 뭔가 체계적으로 관리를 하고자 한다면 디지털을 추천한다. 아날로그는 느리지만 느린 대신에 천천히 생각하게 해주니 양쪽 모두를 겸비하는 것도 좋다.

⏱ 디지털 일정관리의 3가지 고려사항 ⏱

　디지털 일정관리 툴은 어떤 것을 사용해도 좋다. 어떤 사람들은 스마트폰의 기본 캘린더를 쓰고, 어떤 사람들은 취향에 따라 본인이 좋아하는 앱을 다운받아 사용하기도 한다. 어떤 것을 써도 좋지만 선택의 기준은 다음 3가지를 고려하자.

　첫째, iOS와 안드로이드 기반, 즉 아이폰과 안드로이드폰 그리고 윈도우에서도 연결해서 사용할 수 있는 앱이어야 한다. 열심히 기록한 일정이 어느 한 플랫폼에만 종속된다면 제대로 관리할 수 없다. 손에 들고 있는 게 갤럭시라면 외부에서 바로 기록하고, 집에서는 아이패드에 기록하고, 회사에서는 데스크탑 앞에 앉아서 일을 하다가도 기록할 수 있어야 한다.

　둘째, 이왕이면 무료여야 한다. 캘린더 앱을 굳이 유료로 쓸 필요가 없다. 아무리 좋은 기능이 많다고 해도 복잡하면 사용하지 않게 된다. 심플하게 관리하자.

　셋째, 이왕이면 많은 사람들이 사용하는 앱이어야 한다. 그래야만 OS가 업데이트될 때마다 지속적으로 업데이트를 받을 수 있다. 열심히 등록했던 3년치의 일정이 어느 한 순간 사용하지 못하게 된다고 생각해 보라. 끔찍한 일이다.

이 3가지 조건에 잘 맞는 캘린더로 '구글캘린더'와 '네이버캘린더'를 추천한다. 네이버캘린더는 음력 표시가 잘된다는 장점이 있고, 구글캘린더는 다양한 업무용 프로그램들과 연동이 쉽다는 장점이 있다. 나의 추천은 구글캘린더다.

⊘ 일정을 등록할 때의 3가지 원칙 ⊘

일정관리는 다음의 3가지 원칙만 지키면 쉽다.

첫째, 일정이 생기는 즉시 적는다. 이건 정말 정말 중요하다. 여러 번 강조해도 지나치지 않다. 대부분 약속을 깜빡하는 이유는 즉시 적어 놓지 않아 '잊어버렸기' 때문이다.

스마트폰으로 일정관리를 해야 하는 이유가 여기에 있다. 식사 중에 친구에게 톡이 와서 내일 저녁에 만나기로 했다. 지금 바로 캘린더를 열어 일정을 저장하자. 회의가 끝날 때 팀장님이 '자, 다음 주 화요일 오전 9시에 다시 회의하지'라고 공지했다. 그 즉시 스마트폰을 열고 일정을 등록한다. 언제 어디서든 잡히는 약속에 대해서는 즉시 기록해야 한다. '이것만 마치고 적어도 되겠지'라고 생각하는 순간 약속에 대한 기억은 사라진다.

둘째, 모든 일정을 적는다. 여기서 '모든 일정'이라 함은 회사 일정뿐만 아니라 개인, 가족 간의 일정도 모두 포함한다. 대부분의 직장인들이 일정관리는 회사 일정관리라고만 착각한다. 이 착각을 깨기 위해 우리는 앞에서 '라이프 밸런스'를 이야기했다. 하루가 엉망이 되는 건 사소하게 신경쓰지 않았던 가족의 생일, 결혼기념일일 수도 있다.

어떤 사람은 탁상달력을 2개 쓰기도 한다. 하나는 회사용, 하나는 개인용이다. 이 방법은 절대 추천하지 않는다. 구글캘린더나 일정관리 앱들은 목적에 맞게 다양한 '캘린더'를 만들어 사용할 수 있다. '회사' 캘린더를 만들고 '개인'과 '가족' 캘린더를 만들어 구글캘린더 안에서 모든 일정들을 한눈에 볼 수 있도록 하자. 이렇게 해야 언제 야근을 하고, 언제 휴가를 가며, 언제 생일선물을 주문할지, 언제 가족들과 외식을 할지 계획할 수 있다.

셋째, 장소와 시간, 메모를 제대로 적는다. 다음 주 화요일 오후 3시에 종각역에서 미팅이 있다. 그런데 꽤 많은 사람들이 이 경우 '3시 종각역 미팅'이라고만 적어 놓는다. 물론 바쁠 때는 이렇게 간단히 적을 수도 있지만, 나중에라도 관련 내용을 보완해 놓아야 한다. 미팅시간은 언제인지, 누가 참석하는지, 장소는 어디인지 등 3가지를 제대로 적어 놓으면 약속 당일이 되어 '어디서 만나기로 했었지' '몇 시에 끝나지'라며 헤매지 않게 된다.

여기서 팁 하나를 추가하면 '미리 알림'이다. 일정관리 앱들은 각각의 일정에 대해 '알림' 기능을 가지고 있다. 중요한 일정에 대해서는 모조리 '알림'을 설정해 두자. 적어도 하루 전, 3시간 전 등으로 알림이 오게 하면 놓치는 일정을 줄일 수 있다.

참고로 1~2년 차 대표님들을 만나면 꼭 하는 이야기가 있다. 회사에서 공통적으로 쓰는 캘린더를 만들어 두자는 것이다. 예를 들어 구글캘린더에서 '회사 업무' 공용 캘린더를 만들어 직원들에게 공유한다. 여기에 각각 외근과 휴가 등 일정이 생길 때마다 적는다. 이때 대표자 본인의 일정을 제일 먼저 적어야 한다. 그래야만 직원들이 언제 대표님이 자리를 비우는지, 어디에서 미팅하고 있는지 알 수 있기 때문에 이에 맞춰 보고할 수 있다.

3장.

절대로 놓치지 않는
할일관리 노하우

1 할일관리의 3가지 핵심 포인트

이제 본격적으로 '할 일'을 관리해 보자.

아침에 일어나 차 한잔을 마시며, 혹은 회사에 출근해 하루를 시작하기 전 '오늘은 어떤 일을 해야 할지?'에 대해 미리 생각해야 한다. 닥치는 대로 하루를 살고, 주어지는 대로 일을 하다 보면 하루는 당연히 엉망이 된다.

시간관리 강의에서 '당신은 평소 할 일을 어떻게 관리하는가?'라고 질문해 보면 대부분의 사람들은 다음과 같이 답한다.

'달력에 적는다.'

'엑셀을 이용한다.'

'일정관리 앱을 이용한다.'

'포스트잇에 메모를 쓴다.'

'다이어리에 체크리스트를 적는다.'

이 중 엑셀을 이용하는 분들이 생각보다 많아서 놀랐다. 엑셀은 셀과 셀로 이루어져 있다 보니 칸으로 관리할 수 있어서 많이 사용한다고 한다. 두 번째로 많이 이용하는 건 탁상달력이나 캘린더 앱을 이용한 '달력' 이용이었다.

자, 지금까지 읽었다면 대충 내가 어떤 말을 할 것인지 짐작할 것이다. 엑셀이나 탁상달력, 캘린더 앱으로는 할 일을 관리하기 힘들다. 우리의 할 일은 매 순간 떠오르고 매 순간 관리되어야 한다. 그래야만 사소한 일에 치여 중요한 일들을 놓치지 않게 된다. 이를 위해서는 구글 Tasks 등의 할일관리 전용 앱을 추천한다. 물론 다이어리 등의 종이 노트도 괜찮지만 생각나는 할 일을 언제나 빠르게 바로 적기 위해서는 스마트폰의 할일관리 앱을 이용하는 것이 좋다.

이때 할일관리의 중요한 3가지 포인트는 다음과 같다.

⊘ 잊지 않기 ⊘

앞에서 일정이 잡히면 '무조건 적자'라고 이야기했다. 할일관리도 마찬가지다. 오히려 할일관리에서는 '잊지 않기'가 더 중요하다. 뭔가 생각나는 게 있다면 잊기 전에 바로 적어야 한다.

⊘ 데드라인 정하기 ⊘

모든 할 일에는 데드라인, 즉 '마감기한'이 필요하다. 마감기한이 없다면 우리는 게을러진다. '목표관리'에서 강조했듯이 언제까지 그 일을 끝낼 것인지에 대해 날짜와 시간을 정해야 한다.

⊘ 우선순위 정하기 ⊘

일을 하면서 가장 어려운 게 뭐냐고 물어보면 수많은 일들을 동시에 처리해야 할 때 어떤 것부터 해야 할지 '우선순위를 정하는 것'이라고 말한다. 그래서 할일관리의 핵심은 '우선순위' 관리다. 일을 할 때는 우선순위의 기준을 정해 빠르게 실행해야 한다.

② 모든 일에
데드라인을 정하라

앞서 우리는 개인적인 목표들에 대해 데드라인을 정하는 연습을 했다. 이처럼 하고 싶은 모든 일들에 데드라인을 정하면 해야 할 일이 좀 더 선명하게 보이고 달성하기도 쉽다.

회사에서 혹은 다른 사람들과 협업할 때의 데드라인을 생각해 보자. 회사에서 맡은 여러 가지 일들은 언제까지 해야 할까? 예를 들어 팀장님이 "경쟁사 자료조사 좀 해줘"라고 했다면 이일은 언제까지 해야 할까?

우리는 이미 이에 대한 정답을 알고 있다. ASAP, 즉 '무조건 빠르게'다. 하지만 문제는 이렇게 빠르게만 처리하다 보면 도대체 무슨 일부터 먼저 해야 할지 뒤죽박죽이 된다.

그럼, 여기서 질문을 하나 더 해보자. 이제 막 회사에 출근했는데, 가방도 내려놓기 전에 팀장님과 바로 위 상급자, 다른 팀

협업자 3명이 동시에 일을 부탁해 왔다. 당신은 누구의 일부터 먼저 하겠는가? 팀장님? 친한 상급자? 아니다. 머릿속으로는 그렇게 생각해도 일을 하다 보면 목소리 크고, 성질 더러운 사람의 일부터 먼저하게 된다. 하지만 이렇게 되면 하루의 모든 스케줄은 엉망이 되어 버린다.

어떤 조직이든 간에 그 조직만의 분위기가 있다. 너무나 좋은 사람들만 모인 조직도 있고, 군대적인 분위기가 여전한 조직도 있다. 그 분위기 안에서 당신은 당신만의 리듬을 타야 한다. 조직은 분위기고 일은 리듬이다. 이때 리듬을 잘 타는 가장 좋은 방법은 '데드라인(마감기한)'의 관리다.

⊙ 조직의 시간이 낭비되는 대표적인 이유 ⊙

'이번 주 금요일까지 자료 좀 보내줘~'

이런 부탁을 하는 '업무 지시자'와 이런 부탁을 실행해야 하는 '업무 수행자' 둘로 나누어 생각해 보자.

당신이 업무 지시자라면 '금요일 언제까지' 자료를 받기 원하는가? 11시, 12시, 오후 3시 아니면 넉넉하게 퇴근시간 전까지? 만약 퇴근시간 전까지라고 답했다면 당신은 일을 맡긴 사람들에게 '오, 저 사람하고 일하면 편해. 언제나 여유있게 일정을 준다니까'라며 사람 좋다는 이야기를 들을 수 있다. 하지만 이는 곧 호구라는 이야기다. 나중에 당신이 아무리 급하다고 말해도 그들은 최대한 천천히 당신이 원하는 자료를 줄 게 분명하다.

이번에는 '업무 수행자'의 입장을 생각해 보자. 업무 수행자는 '금요일까지 보내주세요'라는 말을 들었을 때 '금요일 몇 시까지' 자료를 보내면 된다고 생각할까? 대부분은 금요일 퇴근전에 보낼 것이다. 일부 프리랜서의 경우는 금요일 밤 11시 59분까지 작업해서 보내기도 한다. 이는 결국 당신이 그렇게 시켰기 때문이다. '금요일까지'라고 막연한 시간을 주었으니, 그 시간을 최대한 유리하게 해석하는 건 업무 수행자의 마음이다.

물론 아무리 그래도 퇴근시간에 딱 맞춰서 보내는 경우는 드물다. 나의 경우 금요일까지 자료를 보내달라고 하면 머릿속으로 '음, 오후 3시까지 보내면 되겠구나'라고 생각한다. 그런데 10시쯤 갑자기 전화가 왔다.

"강사님. 금요일까지 부탁드렸는데 아직 자료가 안와서요."

마음 속으로는 '금요일까지라고 했었는데…'라고 생각하지만 급하게 20분 정도 작업을 해서 자료를 보낸다. 이 경우 오후 1시정도부터 좀 여유있게 작업해서 보내려고 했던 것에 비해 품질이 떨어질 수도 있고, 실수가 있을 수도 있다. 이로 인해 피해를 보는 건 업무 지시자와 업무 수행자, 모두일 것이다.

이렇듯 조직에서 일어나는 대부분의 '시간낭비'는 명확하지 않은 지시 때문이다.

⊙ 조직의 시간낭비를 막는 법 ⊙

조직의 시간낭비를 줄이기 위해 업무 지시자와 업무 수행자, 각각의 경우를 나누어 생각해 보자.

업무 지시자의 경우 애매하게 말하지 말고 정확한 시간을 이야기해야 한다.

'금요일까지 자료 부탁합니다'가 아니라

'금요일 오전 11시까지 자료 부탁합니다'가 되어야 한다.

이때 대표나 팀장들의 마음 속에는 오전에 출근하자마자 확인하고 싶은데, 꼰대 소리를 들을까봐 제대로 말하지 못하는 경우도 있다. 이런 상황이 더 난감하다. 괜히 직원들을 불편하게 볼 수 있으니 필요하다면 '목요일 오후 퇴근 전까지 부탁합니다'라고 명확하게 이야기하는 것이 필요하다.

그런데 이렇게 '시간'을 정해 주더라도 업무 수행자가 늦게 보내는 경우도 있다. 이 경우는 보통 두 가지 이유가 있는데, 하나는 이미 오래도록 모호하게 부탁을 해왔기 때문에 상대방이 관성대로 행하는 경우다. 이럴 때는 약속한 날 오전 또는 전날 다시 연락해 확인하는 과정이 필요하다. 이는 상대방의 머릿속에서 '늦게 보내도 된다'는 생각이 지워질 때까지 반복적으로 해야 한다.

또 다른 이유는 업무 수행자가 시간관리에 익숙하지 않을 때다. 이때에는 '왜냐하면'이라는 마법의 단어를 넣으면 어느 정도 해결할 수 있다. '왜냐하면' 뒤에 당신이 그 시간에 반드시 자료를 받아야 하는 이유를 적는 것이다.

'금요일 오전 10시까지 자료 부탁드립니다. 왜냐하면 11시에 팀장님께 보고를 드려야 합니다.'

'오전 11시까지 보내주실 수 있을까요? 왜냐하면 제가 오후 반차라서 미리 확인을 해야 합니다.'

'오후 3시까지 꼭 보내주세요. 왜냐하면 인쇄소 마감이 4시입니다. 제작시간이 부족합니다.'

당신이 이런 요청을 받았다고 생각해 보자. '아, 이 사람 진짜 바쁜가 보구나. 먼저 처리해 줘야겠는데'라고 생각하지 않겠는가? 보통 다른 사람에게 부탁하는 입장일 때는 '을'일 수밖에 없다. 그러니 어떻게 해서든 상대방의 할 일 리스트에 최상위로 올라가게 만들어야 한다.

3 일의 우선순위를 정하라

우리가 해야 하는 모든 일들에서 중요하지 않은 일은 거의 없다. 아이젠하워 매트릭스에서 이야기했지만, '급하면서 중요한 일'뿐 아니라 '중요하지 않지만 급한 일'도 그냥 넘어갈 수는 없다.

'나는 오늘 정말 중요한 일만 할 거야!'라고 외치며 중요한 일에만 집중하다가 중요하지 않지만 급한 일들이 눈덩이처럼 불어나 이도 저도 못했던 경험을 해봤을 것이다. 이처럼 동시에 덤벼드는 다양한 일들 중 어떤 것부터 처리해야 할지 결정하는 건 누구에게나 어렵다. 각자의 상황이 다르니 '이렇게 하면 된다!'라고 결론을 내리기도 어렵다.

우선순위를 결정하기 어려운 데에는 2가지 이유가 있다. 하나는 각각의 일들에 '마감시간'이 결정되지 않았기 때문이고, 두 번째는 각각의 일들을 처리하기 위한 '예상 소요시간'이 파악되지 않았기 때문이다. 이를 반대로 생각하면 '마감시간'과 '소요시간'만 제대로 파악하면 '우선순위'를 결정하기 쉬워진다는 말이 된다. 마감시간에 대해서는 앞에서 설명했으니 여기에서는 소요시간을 파악하는 방법에 대해 알아보자.

⊘ 소요시간을 파악하자 ⊘

이른 아침, 차를 운전해 목적지까지 가야 한다. 차에 타서 출발하기 전에 우리가 먼저 해야 할 일은 네비게이션에 목적지를 찍는 것이다.

다음은 서울에서 대전까지의 이동경로이다. 이 익숙한 화면에 우리에게 필요한 할일관리의 모든 것이 들어있다. 목적지를 찍는 건 오늘 무슨 일을 해야 하는지, 내일 무슨 일을 해야 하는지 등 '해야 할 일'을 입력하는 것과 같다. 게다가 예상 도착시간을 알 수 있기 때문에 이에 기반해 '이 정도면 일단 밟아서 최대한 빨리 도착하자' '이 정도면 중간에서 아침을 먹고 가는 게 좋겠는데'라고 판단한 후 '계획'을 세울 수 있다.

이처럼 도착시간을 알 수 있으면 계획을 세울 수 있듯이 '할일관리'에서도 '소요시간'을 알 수 있으면 일의 우선순위를 정할 수 있다. 오늘 해야 할 일이 다음과 같다고 가정해 보자.

- 시간관리 책 집필
- A.I 보고자료 읽기
- 강의 자료 준비하기
- 유튜브 영상 편집
- 회의자료 준비

이 중 '어떤 일부터 먼저 해야 할까?'에 대한 판단을 내리기 전에 '예상 소요시간'을 먼저 적어보자. 예상 소요시간은 나밖에 알 수 없다. 내가 지금껏 해왔던 일이기 때문이다.

To-Do	소요시간
• 시간관리 책 집필	60분
• A.I 보고자료 읽기	30분
• 강의 자료 준비하기	30분
• 유튜브 영상 편집	90분
• 회의자료 준비	20분

이렇게 '소요시간'을 적어보면 어떤 일부터 해야 할지 좀 더 명확하게 판단할 수 있다. 예를 들어 9시에 출근을 했는데 10시부터 회의라고 가정해 보자. 그럼, 회의자료를 먼저 준비하고, 보고자료를 읽은 후 회의에 들어가면 된다.

⊘ 우선순위 정하기 ⊘

이제 지금 사용 가능한 시간이 어느 정도인지를 먼저 파악하고, 이에 맞춰 예상 시간별로 배분하면 된다. 소요시간 옆에 일의 순서를 써보자. 바로 '우선순위'이다.

To-Do	소요시간	우선순위
• 시간관리 책 집필	60분	③
• A.I 보고자료 읽기	30분	②
• 강의 자료 준비하기	30분	⑤
• 유튜브 영상 편집	90분	④
• 회의자료 준비	20분	①

　　우선순위가 정해졌으면 이제 일을 시작하면 된다. 이 순서가 바로 '일의 리듬'이다. 다른 사람이 아닌 내가 직접 결정했으니 이를 여유있게 해나가면 된다. 물론 중간중간 더 급한 다른 일이 치고 들어오는 등 변수가 생길 수 있다. 그래도 괜찮다. 다시 할 일관리 표로 돌아와 우선순위를 보고 할 일을 정리하면 된다. 이를 통해 방황하지 않고 길을 잃지 않고 바로 다음 일에 몰두할 수 있다.

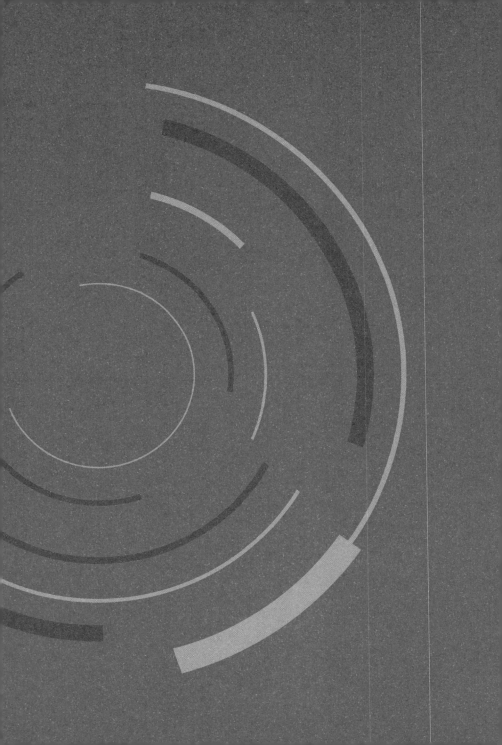

이기적 시간관리
- 실전 스킬

1장.

**아날로그를 이용한
현명한 시간관리**

1 아날로그와 디지털 시간관리의 장단점

     모든 것을 디지털로 대체할 수 있는 시대다. 스마트폰 하나만 있으면 언제든 메모도 가능하고 시간관리도 편하게 할 수 있다. 그런데 왜 귀찮게 다이어리나 플래너 등의 아날로그 도구를 써야 할까? 그 이유는 생각의 산만함 때문이다.

     스마트폰 하나로 다양한 일들을 할 수 있지만 스마트폰을 쓰다 보면 자칫 우리의 집중력은 흩어지기 쉽다. '오늘 무슨 일정이 있었지?'라면서 일정을 확인하기 위해 스마트폰을 열면 이미 도착해 있는 수많은 알림 메시지들 때문에 온전한 집중을 하기 힘들다. 스마트폰으로 일정이나 할 일을 등록할 때도 마찬가지다. 쉬지 않고 도착하는 알림 때문에 끊임없이 방해받게 된다. 그래서 시간관리를 할 때는 아날로그와 디지털 두 가지 도구를 함께 사용하는 것이 좋다.

아날로그는 느리지만 천천히 생각할 수 있다는 장점이 있다. 따라서 큰 그림을 그리고 계획을 세우기에 좋다. 디지털은 순간 순간 해야 할 일들을 빠르게 기록하거나 기록했던 내용들을 언제 어디서나 쉽게 찾을 수 있다. 따라서 계획했던 일들을 '실행'하거나 유연하게 '수정'할 때 유용하다. 그러니 아날로그로 계획을 세우고, 디지털로 이를 보완하며 사용하는 것을 추천한다.

한 해를 시작하기 전, 한 달을 시작하기 전, 한 주를 시작하기 전, 하루를 시작하기 전에 각각 연간, 월간, 주간, 하루 계획을 아날로그 방식으로 '계획'해 보자. 이를 위해서는 조용히 집중할 수 있는 10~20분 정도의 시간이 필요하다. 이제 차 한잔을 준비한 후 펜을 들고 일정관리를 시작해 보자.

2 A4 한 장으로 연간계획 세우기

지금 이 책을 읽는 날짜가 1월이든 7월이든 상관없다. 오늘을 기점으로 해서 올해 말까지의 계획을 세워보자. 우선 A4 용지 한 장과 펜 하나를 준비하자(색깔 펜도 함께 준비하면 좋다). A4 용지를 가로로 놓고, 가운데에 '나'라고 쓴 후 동그라미를 치고, 이를 중심으로 왼쪽에는 '가족', 오른쪽에는 '업무'라고 적는다(앞에서 말한 라이프 밸런스에 기반한 계획이며, 다음 쪽과 같이 A4 용지 세로로 기록해도 관계없다).

이제 달력을 보면서 올해 남은 기간 동안 꼭 해야 할 일들과 하고 싶은 일들을 생각나는 대로 적어보자.

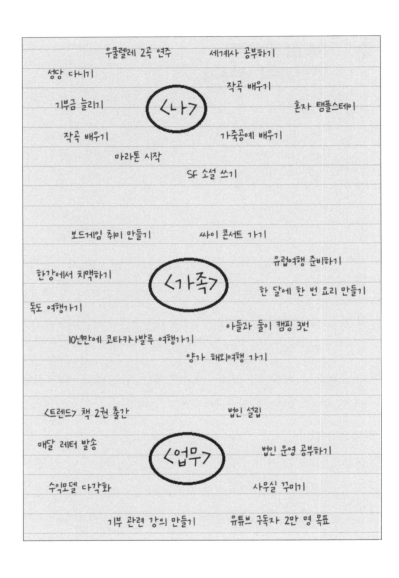

하고 싶은 일과 해야 할 일을 다 적었으면 이제 각각의 계획 아래에 언제 시작할지 혹은 언제까지 끝낼지를 월 단위로 대략적으로 기록한다(이왕이면 다른 색으로 적는다). 이때 '9월에 알아본 후 10월에 다녀오기'처럼 사전에 정보가 필요한 경우에는 구체적으로 그 기간까지 적는 것이 좋다. 이렇게 해서 연간계획을 세우는 것이 끝났다. 연간계획이라고 해서 거창한 것은 아니다. 어떤 일을 할지 계획하고, 날짜를 구체화하는 것으로 충분하다.

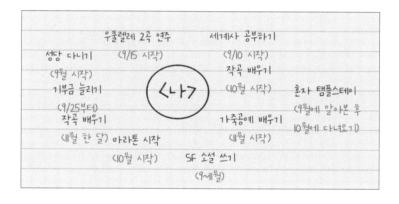

전쟁에서 이기기 위해서는 '전략'을 세우고 여기에 맞는 '전술'을 짜야 하듯, 올해 해야 할 일에 대한 큰 그림을 그렸다면 이제 이를 바탕으로 월간계획과 주간계획을 세워야 한다.

3 | 포스트잇 3장으로 월간계획 세우기

월간계획은 이번 달에 반드시 해야 하는 정해진 일들(회사 일정, 개인 일정 등)과 하고 싶은 일들을 정리하는 것이다. 앞서 수립한 연간계획을 바탕으로 하며, 포스트잇 3장을 준비하자(A4 용지나 다이어리도 관계없다). 포스트잇에 쓰는 이유는 언제 어디서나 쉽게 떼고 붙일 수 있기 때문이다.

포스트잇 3장의 상단에 각각 '나' '가족' '업무'라고 적자. 그리고 연간계획을 토대로 이번 달에 하고 싶은 일이나 해야 할 일을 '나' '가족' '업무'에 맞춰 적는다. 이때 아무리 하고 싶은 일이 많아도 3가지를 넘지 않도록 한다. 3가지가 넘으면 목표가 분산되어 달성하기 힘들어지기 때문이다. 그리고 각각의 할 일에는 '이번 달 말까지' 등 시작일과 마감일을 구체적으로 표시하는 것도 잊지 말자.

포스트잇에 월간계획을 작성했으면 이제 다이어리에 붙이거나 모니터 앞에 붙여 놓도록 하자.

〈나〉

- 성당 다니기(9/1~)
- 우쿨렐레 시작(9/1~)
- 몸무게 74kg(9월 말)

〈가족〉

- 콘서트 예약하기(9/10)
- 캠핑 예약하기(9/15~)
- 11월 여행 알아보기(9/20~)

〈업무〉

- 〈트렌드〉 신간 기획(9/1~)
- 여행 유튜브 올리기 (9/13, 9/15)
- 강사 계약(9/23)

4 한 장으로 미리 보는 주간계획 세우기

해야 할 일이 많아지고, 맡은 일이 많아질수록 하루 단위가 아닌 주간, 월간, 연간 단위로 넓게 보는 시야를 가져야 한다. 보통 연간계획과 월간계획의 경우 조금은 여유가 있다 보니 실행을 하지 못하더라도 다음 번으로 미룰 수 있다. 하지만 주간계획의 경우는 바로 다음 주에 해야 하는 일이니 구체적인 할 일을 기록해야 한다.

주간계획을 미리 세우는 건 한 주간 무슨 일이 있을지를 미리 생각하고 준비하기 위함이다. 다음의 위클리 플래너는 필자가 직접 만들어 사용하고 있는 양식이다. 이를 참고해 자신만의 플래너로 새로 만들어 사용해도 좋고, 양식을 다운 받아서 활용해도 좋다.

9 월				주간계획	
Monday 12	· 강원랜드 (14:00 ~ 18:00) · KBS (18:30~)		가족	· 여행 계획 마무리 (국내) · 일요일 아들이랑 수영 · 캠핑 영상 편집 · 하루 20min 종이책	
Tuesday 13	· IBK (14:00 ~ 15:00) · DGB Insight 外 (15:00 ~ 18:00)	· 저녁 운동	나	· 인터벌 러닝 20min 시작 · 매일 영어 90min (GPT English) · 책 읽기 (그리스/로마)	
Wednesday 14	· 배워킹 (12:00 ~ 13:00) · NFT 협회 外 (18:00 ~ 19:00)	· 새벽 운동			
Thursday 15	· 삼성 DS (8:00 ~ 17:00)	· 새벽 운동	업무	· NFT 협회 준비 · 이드2스키 동화책 작성 · 하반기 Trend Check · 세금계산서 발급	
Friday 16	· 삼성 DS (8:00 ~ 17:00)	· 새벽 운동			
				월간계획	
Saturday 17	· NH 금융 MBA (14:00 ~ 17:50)	· 저녁 운동	가족	· 11월 여행 계획 마무리 · Concert 예약	
Sunday 18			나	· 매일 1시간 이상 운동 · 매일 영어 1.5h 공부	
			업무	· <IT 트렌드> 초고 마무리 · 하반기 계획 마무리	

⊘ 위클리 플래너 작성법 ⊘

위클리 플래너는 일주일 동안의 일정관리와 라이프 밸런스를
적을 수 있도록 구성했다.

위클리 플래너의 왼쪽은 일정계획표이다. 세로로 선이 하나

그어져 있는데, 왼쪽은 시간이 정해진 일정이며, 오른쪽은 이 날 해야 하는 '할 일'을 적도록 구분해 놓았다. 일정계획표를 작성하는 방법은 다음과 같다.

① 월요일부터 일요일까지 중요한 '일정'을 먼저 적는다. 각각의 일정들은 시간이 정해진 일정들이다(친구와의 약속, 회의 등).

② 이 중 중요한 일정에는 따로 별표를 해놓는다.

③ 각 날짜의 일정을 보며 오른쪽에 '할 일'을 적는다. 예를 들어 매일 '운동'을 한다고 계획을 세웠으면 13일은 오전부터 일정이 있으니 '저녁 운동'이라고 적고, 14~16일은 하루 종일 일정이 있으니 '새벽 운동'이라고 적는다.

위클리 플래너의 오른쪽은 '주간계획'과 '월간계획'으로 이루어져 있다. 먼저 하단의 '월간계획'에는 포스트잇에 적었던 월간계획의 내용을 옮겨 적는다. 만약 옮겨 적는 것이 귀찮다면 포스트잇을 옮겨 붙여도 된다. 월간계획을 적는 이유는 이번 달 할 일에 기반해 이번 주 할 일을 작성하기 위해서이다.

주간계획 역시 '나' '가족' '업무'에 기반해 작성한다('나'를 가운데 적는 이유는 라이프 밸런스의 지렛대 축이 '나'임을 잊지 않기 위해서다). 주간계획의 경우 월간계획과 다르게 3가지를 넘어도 관계없다. 이번 주에 해야 하는 일들이 있다면 잊지 않기 위해 모두 적어두자.

5 24시간으로 관리하는 하루계획 세우기

하루계획을 세우는 건 다른 사람들 앞에서 프레젠테이션을 하는 것, 면접관 앞에서 자기소개를 하는 것과 비슷하다. 미리 어떤 이야기를 할지 정해 놓으면 당황하지 않듯, 하루계획 역시 오늘 무슨 일을 할지 미리 시뮬레이션해 보는 것과 같다.

이를 위해서는 24시간으로 구성되어 있는 일정계획표와 무슨 일을 해야 할지 미리 정리할 수 있는 할일관리 시트가 필요하다. 필자가 만든 데일리 플래너를 참고하자.

Chk'	TO-DO	예상 시간	순서	실제 시간	비고
☑	이슬기 PM 자료 보내기	10	①		
☑	밸런타인 사은품 준비	30	②		
☑	└ 택배 & 오렴 끝내기				
☑	└ 완료 후 팀원에게 email				
☑	신한은행 2차 준비	30	③		
☑	체크카드 콜맨스 등록	30	④		
⊟	시간관리 집필 아우라인	2h	⑤		
☐					
☐					
☐					

⊘ 데일리 플래너 작성법 ⊘

데일리 플래너의 왼쪽은 24시간으로 구성되어 있는 하루계획표이다. 여기에는 오늘 하루 빼도 박도 못하는 스케줄을 적는다. 그리고 오른쪽의 To-Do에는 오늘 해야 할 일을 적는다. 여기에는 예상시간과 우선순위도 함께 기록한다. 데일리 플래너를 작성하는 방법은 다음과 같다.

① 먼저 하루의 스케줄을 빠짐없이 적는다. 그리고 확실하게 정해진 스케줄에는 형광펜이나 색연필로 큼직하게 박스를 친다. 다른 사람과의 약속은 하루 일정 중 가장 중요한 일정이기 때문

이다.

② 오른쪽의 To-Do 시트에는 오늘 해야 할 일들을 적는다. 이때 각각의 할 일에는 이를 달성하는데 걸리는 '예상시간'도 함께 적는다.

③ '순서'란에는 ①에서 적은 스케줄을 참고해 어떤 일을 먼저 하면 좋을지 우선순위를 적는다.

④ 예시된 일정표에는 8시 운동이 끝나고 오후 1시의 일정까지 꽤 많은 시간이 남아 있다. 이때 To-Do 시트의 '순서'에 기록된 ① ②에 해당하는 일을 할 수 있으니 표시해 두었다.

⑤ 예비시간을 확보해 두자. 예비시간은 말 그대로 여유있는 시간으로, 쉬는 시간으로 쓰거나 밀린 일을 처리할 때 쓰는 시간이다.

2장.

디지털을 활용한
완벽한 시간관리

1 나에게 맞는
시간관리 앱 고르기

플래너를 이용해 시간관리를 하는 것이 익숙하지 않다면 여기 당신을 위한 거의 완벽한 시간관리 방법을 소개한다. 바로 스마트폰을 이용한 '디지털 시간관리'이다. 하루 24시간 손에서 놓지 않는 스마트폰을 잘 활용하면 우리는 절대로 놓치지 않는 시간관리를 할 수 있다(물론 이렇게 해도 결국 실행은 본인 몫이다).

앱스토어와 구글플레이에는 시간관리와 관련한 앱들이 굉장히 많다. 이 중 어떤 것들을 선택해도 괜찮지만, 다음 3가지 조건을 만족시키는 앱을 선택하는 것이 좋다. 개인적으로 나는 구글 캘린더와 구글 Tasks, MS To Do 앱을 추천한다.

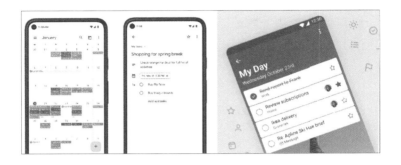

⊙ 무료 앱이면 충분하다 ⊙

　이왕이면 무료로 사용할 수 있는 앱을 선택하자. 물론 유료 앱은 화려한 디자인과 다양한 기능을 제공하지만, 대부분은 기본적인 기능만으로도 충분하다. 무료로도 충분히 좋은 앱이 많으니 굳이 유료 앱을 이용할 필요까지는 없다.

⊙ 많은 사람들이 사용하는 앱을 이용하자 ⊙

　많은 사람들이 사용하는 앱을 쓰자. 시간관리 앱으로 일정과 할 일을 등록하기 시작하면 1년에서 길면 10년 이상을 사용하게 된다. 따라서 지속적인 업데이트와 관리가 가장 중요하다. 그렇기 때문에 우리가 잘 아는 회사에서 만든 앱을 추천한다. 열심히 일정과 할 일을 기록해 놨는데 앱이 더 이상 업데이트를 지원하지 않으면 우리의 모든 기록은 소실된다.

⊘ 백업과 동기화 지원은 필수다 ⊘

안드로이드폰이나 아이폰 등 운영체제에 종속되지 않고, 어느 기기에서나 이용할 수 있어야 한다. 이는 시간관리 앱뿐만 아니라 다른 앱들도 마찬가지다. 스마트폰, 태블릿, 노트북에 상관없이 어디서든 나의 일정을 즉시 입력하고 확인하며, 할 일은 계속 동기화되어져야 한다.

2 | 절대로 놓치지 않는 스마트한 일정관리

　　일정관리의 핵심은 '잊지 않는 것'이다. 깜빡깜빡 놓쳤다가 실수한 적이 얼마나 많은가? 누군가와의 약속을 잊었다가 엄청나게 미안해 본 경험, 시간을 잘못 알아서 늦은 경험이 있는 사람이라면 이제는 디지털을 이용한 '완벽한 기록'을 통해 절대로 놓치지 않는 일정관리를 해보자.

　　여기서 추천하는 일정관리 도구는 '구글캘린더'다. 너무나 많은 사람들이 이용하는 캘린더이다 보니 식상할 수 있다. 하지만 많은 사람들이 지금도 10년 넘게 사용하고 있다는 건 그만큼 안정적이라는 뜻이다. 게다가 어떤 디바이스에서도 동기화해 사용할 수 있고, 기능도 다양하니 이만한 도구가 없다.

　　특히 아이폰을 쓰는 사람들에게 구글캘린더는 필수다. 아이폰 이용자의 최대 불만은 아이폰의 캘린더이다. 이번 달 일정이 한눈에 파악되어야 하는데, 점으로만 보여진다. 이래서야 제대로 일정 확인을 할 수 없다. 구글캘린더의 경우 작은 글씨의 텍스트로 보이기 때문에 일정을 한눈에 파악할 수 있다. 참고로 '네이버 캘린더'를 사용하는 분들도 많은데, 본인이 편하다면 그것을 사용해도 좋다.

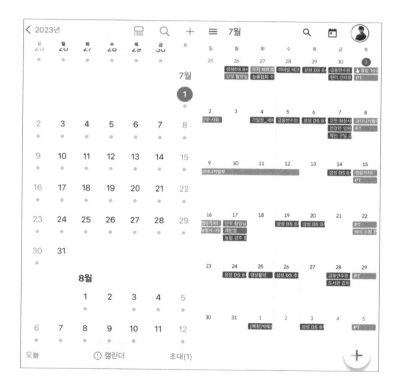

구글캘린더를 제대로 활용하려면 웹에서 기본 세팅을 해야 한다. 우선 크롬 브라우저에서 '구글캘린더'를 열고 '추가 캘린더 생성'과 '기본 알림 설정'을 먼저 시작해 보자.

⊙ 추가 캘린더 생성 ⊙

구글캘린더는 '가족 캘린더' '업무 캘린더' 등 다양한 캘린더를 추가로 만들어 이용할 수 있다. 그래서 이 달에 있는 회사의 중요한 일정, 개인적인 약속, 가족과의 일정 등을 한눈에 파악할 수 있다.

세팅 방법은 쉽다. 구글캘린더 접속 후 오른쪽 상단의 '톱니바퀴'를 눌러 [설정] 메뉴로 들어가 왼쪽의 [캘린더 추가]에서 [새 캘린더 만들기]를 누른다.

여기서 '이름'을 쓰고 [캘린더 만들기] 버튼을 누르면 끝이다. 우선 '가족일정'이라는 이름의 캘린더와 '개인일정'이라는 이름의 캘린더를 만들자. 그리고 자신의 이름으로 된 기본캘린더의 이름은 '업무'로 바꾼다. 만약 직장생활을 하고 있지 않다면 '개인일정'과 '가족일정' 캘린더만 만들어도 된다.

이렇게 구분해 놓으면 스마트폰에서도 동기화되기 때문에 스마트폰에서 일정을 등록할 때에도 각각의 일정을 구분해 기록할 수 있다.

⊘ 기본 알림 설정 ⊘

구글캘린더를 가장 잘 쓰는 방법 중 하나가 '일정 알림' 기능이다. 말 그대로 내가 등록한 일정에 대해 몇 분, 몇 시간, 혹은 몇 일 전에 '미리 알림'을 받는 기능이다. 각 일정을 등록할 때마다 개별적으로 '알림'을 등록할 수 있지만 번거로우니 일정을 등록하면 알아서 '알림'이 등록되도록 자동화를 시켜보자. 역시 방법은 쉽다.

구글캘린더에서 톱니바퀴의 [설정] 메뉴에 들어간 후 [내 캘린더의 설정] 항목에서 알림을 등록할 캘린더를 선택한다. 메뉴 중 [일정 알림] 부분에서 알림을 설정하면 된다. 알림을 더 추가하려면 [알림 추가]를 눌러 원하는 시간대의 알림을 설정하면 된다. 나는 일주일 전, 하루 전, 3시간 전으로 알림을 설정해 두었다.

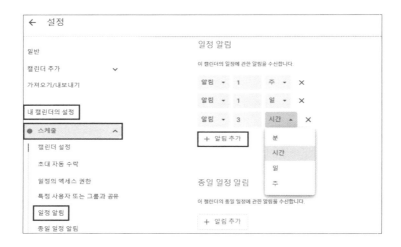

⊘ 일정관리 등록 팁 ⊘

이제 일정이 생길 때마다 구글캘린더에 등록하면 된다. 이때 일정 등록의 3가지 원칙을 기억하자.

첫째, 일정이 생기는 즉시 적는다. 회의가 끝난 후 '다음 회의는 다음 주 수요일 오전 10시에 하죠'라고 일정이 나왔다면 곧바로 스마트폰의 구글캘린더를 열고 일정을 등록한다. 집에 가는 길에 친구와 통화하면서 약속을 잡을 때도 마찬가지다. 아무리 바쁘더라도 잠깐 멈춰서 일정을 등록한다. 장담하건대 이 습관은 일정관리 문제로 인해 생기는 수많은 스트레스에서 당신을 구원해 줄 것이다.

둘째, 시간을 적는다. 꽤 많은 사람들이 일정이 생기는 즉시 적지만 시간까지는 적지 않는다. 하지만 일정만 등록하면 일정이 '종일' 일정으로 등록된다. 이렇게 되면 몇 시에 만나기로 했는지 알 수 없기 때문에 다시 확인해야 하는 번거로움이 있다. 그러니 처음에 등록할 때 시간까지 제대로 적어놓자.

셋째, 장소를 적는다. 시간과 마찬가지로 장소 역시 잘 적지 않는다. 하지만 장소도 확실히 적어야 한다. 점심 약속이라면 식당을 적고, 회의실이라면 회의실 번호를 적는다. '어디서 만나기로 했더라'라고 다시 찾는 시간낭비를 줄일 수 있다.

이러한 3가지 내용을 한마디로 정리하면 '처음부터 제대로 적기'이다. 나중은 없다. 바로 지금부터 시작하자.

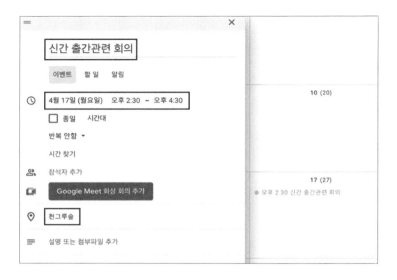

3 | 절대로 놓치지 않는 스마트한 할일관리

자, 이제 정말 중요한 '디지털 할일관리'를 시작해 보자. 이것만 잘해도 놓친 일에 대한 스트레스는 물론, 이로 인한 금전적 낭비까지 줄일 수 있다. 특히 혼자 일하는 사람들이라면 절대로 놓치지 말자.

시간관리 강의에서 "매일 아침 오늘 할 일을 어떻게 관리하세요?"라고 물어보면 '엑셀'을 이용한다는 사람이 많았다. '포스트 잇'을 이용한다는 사람도 있고, '업무용 다이어리'에 적는다는 사람도 있었다. 다시 "개인의 일정이나 가족의 일정은 어떻게 관리하세요? 예를 들어 오늘 집에 가다 맥주를 사가야 한다면 어떻게 관리하나요?"라고 물으면 '따로 관리하지 않는다'는 대답이 가장 많았다. 간혹 '캘린더 앱'에 등록해 관리한다는 사람도 있었지만, 흔치 않았다.

앞서 우리는 '라이프 밸런스'에 대해 살펴봤다. 회사에서는 회사 업무에 집중해야 하지만 그렇다고 해서 가족이나 개인의 일도 무시할 수는 없다. 자동차 보험료 납부 등 급하게 해야 할 일이 있다면 이 역시 잊지 말고 깔끔하게 처리해야 한다. 이를 해결하기 위해서는 앞에서 설명한 시간관리 4단계를 활용해야 한다. 기억 나지 않는 사람들을 위해 다시 한 번 정리해 보자.

1단계) 모으기

2단계) 버리기

3단계) 제자리 두기

4단계) 유지하기

여기서 가장 중요한 건 1단계 '모으기'이다. 이렇게 생각해 보자. 우리의 머릿속은 컴퓨터의 바탕화면과 같다. 수많은 잡다한 파일과 폴더로 가득차 있다. '모은다'는 바로 이런 잡다한 것들을 한곳에 담아두는 걸 뜻한다. 바탕화면을 정리하는 가장 좋은 방법은 'INBOX'라는 새 폴더를 하나 만들어 쓸데없는 파일들을 모조리 이 폴더에 집어 넣는 것이다. 어떤가? 3초만에 바탕화면이 깨끗해졌다. 파일은 사라지지 않고 임시 저장소인 'INBOX'에 안전하게 보관된 상태다.

이처럼 갑자기 걷다가 떠오르는 생각, 통화 중 잡힌 약속 등 뭐든 상관없이 '해야 할 일' '하고 싶은 일'이 있다면 '임시저장소'에 모으는 습관을 가지자. 이렇게 모은 할 일은 아침이나 저녁 중 시간을 정해 하나씩 꺼내어 안 해도 되는 일이라면 과감히 잊어버리거나, 해야 할 일이라면 지금 당장하거나(2~5분만에 끝낼 수 있다면), 해야 할 날짜를 정하면 된다.

그럼, 이러한 과정을 체계적으로 정리할 수 있는 방법은 없을까? 가능하다. 스마트폰의 할일관리 앱을 사용하면 된다. 할일관리 앱은 구글 Tasks와 MS To Do 앱을 추천한다. 이제 구글 Tasks와 MS To Do를 이용해 할일관리 방법을 알아보자.

⊙ 구글 Tasks 앱 활용법 ⊙

1) 구글 Tasks 앱 다운

Google Tasks 앱을 다운받은 후에는 구글 ID로 로그인한다(구글 계정을 여러 개 사용하고 있다면 Tasks 역시 각각의 계정으로 이용할 수 있다). 첫 화면에는 아무것도 없이 비어 있다. 이제 우리가 채워나가면 된다.

2) INBOX 설정

Tasks에서는 '목록'이라는 이름으로 할 일의 덩어리들을 구분한다. 제일 처음 보이는 건 '이임복의 할일'처럼 당신의 이름이 나온다. 이것부터 바꿔보자. 오른쪽 밑에 […] 버튼을 누른 후 [목록 이름 변경]을 누르고 'INBOX'로 바꾼다.

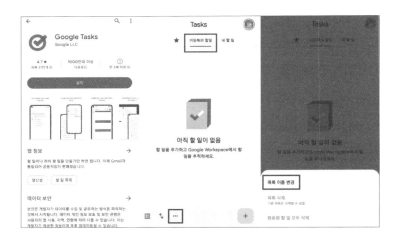

3) 모으기

이제 생각나는 '해야 할 일'들을 3분 동안 적어보자. 3분은 결코 짧지 않은 시간이다. '지금 읽고 있는 책 다 읽기' '친구에게 전화하기' '영화 예매하기' '방 청소하기' '쓰레기 버리기' '고객사에 전화하기' 등 중요한 일부터 그다지 중요하지 않은 일까지 모든 일을 INBOX에 적어서 모으는 것이다. 앞에서 이야기했던 정리의 단계 중 1단계 '모으기'를 생각하자. 3분 동안 우리가 해야 할 일은 생각나는 '모든 할 일'을 여기에 모으는 연습이다. '연습'이라고 한 이유는 처음에는 이 간단한 일도 쉽지 않기 때문이다.

그렇다면 얼마나 많은 내용을 적어야 할까? 10개? 20개? 아니, 100개가 넘어가도 좋다. 시간이 허락한다면 최대한 적을 수 있을 만큼 적어보자. 거창한 인생계획에서부터 아주 사소한 일까지 당신의 머릿속을 탈탈 털어내 INBOX 한곳에 모으자.

4) 결정짓기

이제 당신의 INBOX에는 너무나 많은 해야 할 일들의 리스트가 쌓여 있을 것이다. 그럼 이제부터 이 리스트들을 하나씩 해치워 버리자. 아침이나 저녁, 아니면 수시로라도 좋다. 이때 리스트들은 다음 4가지 기준에 맞춰 정리되어야 한다.

첫째, 필요없는 것은 바로 버린다. 맨 윗줄부터 하나씩 읽어가면서 '괜히 적었다' '이 일은 굳이 안 해도 될 것 같아'라는 생각이 들면 과감하게 삭제한다. 이제 당신은 그 일에서 자유로워진다.

둘째, 지금 바로 할 수 있다면 지금 바로 처리한다. 여기서 '지금 바로'는 5분 이내의 시간을 말한다. 예를 들어 누군가에게 전화해서 확인할 수 있는 일이라면 지금 바로 전화하자. 가스 계량기를 검침해야 한다면 지금 바로 검침하자. 장담하건대 지금 바로 할 수 있는 일을 하는 이 단계에서 당신의 머릿속에 애매하게 남아있던 수많은 일들이 정리될 것이다. 지금 바로 처리한 일은 목록 앞의 ○를 누르면 목록에서 삭제처리되며 '완료됨'으로 이동한다.

셋째, 해야 할 날짜를 정한다. 이때 날짜는 두 가지 방법으로 정하는데, 지금 당장 할 수는 없지만 오늘 할 수 있다면 오늘 날짜를 적는다. 오늘 할 수는 없지만 특정한 날짜에 시작하거나 종료할 수 있다면 그날을 적는다. 앞에서 이야기했던 마감시간 정하기와 같은 의미이다. 이 경우 구글 Tasks에는 내용 하단에 날짜가 표시된다.

넷째, 언젠가 할 일로 남겨둔다. 말 그대로 지금 할 수도 없고, 특정한 날짜를 정하기도 애매한 일들을 이야기한다. 예를 들어 '킬리만자로 여행가기' '마블 영화 전편 보기' 등 뭔가 하고 싶지만 날짜를 특정하기는 애매한 일들이다. '언젠가 할 일'들은 하루 중 시간이 남을 때나 한 달, 일년 계획을 세울 때 도움이 된다. 구글 Tasks에서 '언젠가 할 일'은 따로 표시할 수 없기 때문에 아무 표시가 없는 할 일 목록이 '언젠가 할 일'이 된다.

5) 분류하기

앞의 과정까지는 군이 구글 Tasks가 아닌 일반 플래너로도 정리할 수 있다. 하지만 '분류하기' 작업은 아날로그로는 하기 어려우니 디지털을 활용해야 한다.

우선 분류하기 전에 INBOX의 의미를 다시 생각해 보자. INBOX는 '임시저장소', 좀 더 거친 표현을 쓰자면 '쓰레기통'이다. 매일매일 생각나는 해야 할 일들을 여기에 모으면 걷잡을 수 없을 정도로 할 일의 숫자가 늘어나게 된다. 이메일의 받은 편지함을 열어보라. 얼마나 많은 읽지 않은 편지가 쌓여 있는가? 이러한 받은 편지함이 바로 INBOX다. 100개 정도라면 어느 정도 관리가 되겠지만 1,000개가 넘으면 정리할 엄두가 나지 않는다.

이제 INBOX에 들어있는 내용을 다른 카테고리로 분류해 이동시켜 보자. 목표는 'INBOX Zero'다. 이를 위해 3개의 카테고리가 필요하다. 오른쪽 하단의 [목록 버튼]를 눌러 새 목록을 만든 후 각각 '오늘 할 일' '날짜를 정한 일' '언젠가 할 일'이라고 적는다. 이제 이 분류에 맞춰 INBOX에 있는 할 일들을 옮기기만 하면 된다.

INBOX에 '강의 끝나고 자료 보내기'라는 할 일을 오늘 처리해야 한다면 해당 일정에 들어가 상단의 리스트에서 '오늘 할 일'로 보낸다. '영화 예매하기 - 7월 13일'과 같이 날짜를 정해 놓은 할 일의 경우 상단 리스트에서 '날짜를 정한 일'로 보낸다. 아무 것도 정하지 않은 할 일은 당연히 '언젠가 할 일' 목록으로 보내면 된다.

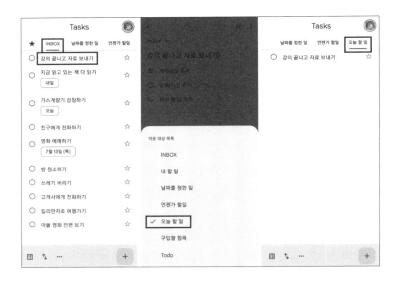

이렇게 몇 번 이동을 반복하여 모든 할 일에 자리를 잡아주면 처음의 INBOX는 아무것도 없는 상태가 된다. 이게 바로 'INBOX Zero'다. 시간을 정해 INBOX를 비우는 작업을 했으면 지금부터 생각나는 또 다른 할 일들을 입력해 나가면 된다. 이 단순한 작업이 당신이 해야 할 일에 '질서'를 부여한다.

⊘ 구글 Tasks 웹에서 사용하기 ⊘

구글 Tasks 앱을 이용해 할 일 등록이 끝났다면 이제 웹에서 사용해 보자(구글 Tasks는 별도의 단독 사이트를 제공하지 않는다. 따라서 구글캘린더나 Gmail 등 구글의 서비스에 접속해야 이용할 수 있다). 우선 구글캘린더에 들어가자.

구글 Tasks 앱을 설치한 후 웹에서 구글캘린더에 들어가 보면 맨 오른쪽 사이드에 일렬로 늘어져 있는 메뉴가 생긴다. 여기서 구글 Tasks 아이콘을 눌러보면 스마트폰에서 적었던 내용이 그대로 등록되어 있는 것을 확인할 수 있다.

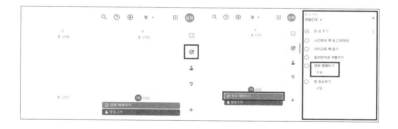

이처럼 구글캘린더와 구글 Tasks를 함께 이용할 때의 장점은 언제 해야겠다고 '날짜를 정한 일'의 경우 구글캘린더의 그 날짜에 자동으로 세팅이 된다는 점이다. 그리고 금요일에 '전체 회의'가 있다면 하루 전인 목요일을 클릭 후 '회의자료 준비하기'를 적

고 [할 일]에 등록하면 구글 Tasks의 할 일 목록으로 이동한다. 이 목록을 '날짜를 정한 일' 카테고리에 옮기면 된다. 이처럼 미리 빼도 박도 못하는 '빅스톤'을 보며 어떤 일을 해야 할지 계획적으로 결정할 수 있다.

이번에는 Gmail로 가보자. 마찬가지로 오른쪽 사이드에 구글 Tasks가 있다. 받은 편지함에서 Gmail을 열고 메일 상단에 보면 구글 Tasks 아이콘이 있다. 이걸 누르면 INBOX에 메일이 등록된다.

⊘ 구글 Tasks 칸반보드로 활용하기 ⊘

구글 Tasks는 단독 사이트는 없지만, 구글캘린더의 기능이 추가되며 한눈에 전체 할 일 목록을 볼 수 있게 되었다. 구글캘린더에 접속 후 오른쪽 상단의 '체크 표시'를 누르면 된다.

체크 표시를 누르면 전체 화면에 미리 만든 목록들이 나오고, 그 아래로 '할 일 목록'들이 보인다. 이렇게 전체 할 일 목록을 한 눈에 볼 수 있게 순서대로 된 보드를 '칸반보드'라고 한다.

칸반보드는 도요타자동차에서 작업의 흐름을 파악할 수 있도록 만든 프로젝트 관리법으로, '보드' '카드' '열'로 구성되어 있다. 구글캘린더에서 체크 표시를 눌러서 나온 화면이 '보드'이고, 구글 Tasks에서 만든 'Inbox' '날짜를 정한 일' '아무 때나 할 일' 등이 각각의 '열'이며, 각각의 열에서 해야 할 일을 적은 것이 각각의 '카드'이다.

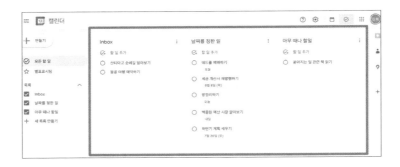

각각의 카드는 '포스트잇'이라고 생각하면 되는데, 일의 진척 여부에 따라 다음 단계의 '열'로 '카드'를 옮기는 방식으로 사용하면 된다. 즉, 구글 Tasks에서 'Inbox'에 해야 할 일(카드)들을 모두

모아놓고, 이걸 마우스로 Drag & Drop 해서 '날짜를 정한 일'이나 '아무 때나 할 일'로 이동시키면 된다.

지금은 간단하게 3개의 목록을 이용했지만 '올해 할 일' '이번 달 할 일' 등의 목록을 추가로 만들어 사용할 수 있다. 구글 Tasks 화면 왼쪽 하단의 '새 목록 만들기'를 이용해 목록을 추가해서 사용하면 된다. 지금 바로 활용해 보자.

⊘ 앱 위젯 사용하기 ⊘

스마트폰에서 구글 Tasks를 좀 더 잘 사용하기 위해서는 '앱 위젯'을 설정하면 좋다. 아이폰이나 안드로이드폰 둘 다 위젯 기능이 있고, 홈 화면에 오늘 해야 할 일이나 INBOX 리스트를 잘 보이게 배치해 놓을 수 있다.

먼저 아이폰에서는 앱을 꾸욱 누르고 있으면 오른쪽 위에 [+]

표시가 나온다. 이걸 누른 후 Tasks를 검색하여 사이즈에 맞는 앱을 고르면 된다. 안드로이드폰의 경우 홈 화면에서 빈 곳을 꾸 욱 누르고 있으면 하단에 '위젯'이란 메뉴가 뜬다. 아이폰과 마찬 가지로 Tasks를 검색해 앱을 찾은 후 마음에 드는 사이즈를 눌러 홈 화면에 배치하면 된다.

⊙ MS To Do 앱 활용법 ⊙

MS To Do는 앱, 웹, 설치형 프로그램으로 사용이 가능하다. 우 선 앱스토어와 구글플레이에서 Microsoft To Do 앱을 다운받자.

전체 설정은 구글 Tasks와 유사하다. '작업'은 'INBOX'에 해당 하는 임시저장소이다. 해야 할 모든 일들을 '작업'에 모은다. 이 렇게 모아진 할 일들을 보며 하나씩 결정을 내리면 된다.

지금 할 수 있는 일은 지금 바로 처리하고, 지금은 못하지만 오늘 해야 할 일은 왼쪽에서 오른쪽으로 손가락을 밀어 '오늘 할 일' 태그를 설정한다. 오늘 하지 않아도 되는 일이라면 오른쪽에 서 왼쪽으로 손가락을 밀어 바로 지운다.

오늘은 아니지만 날짜를 정할 수 있는 일들은 세부 메뉴에 들 어가(별표와 텍스트 중간 빈 부분 터치) 언제까지 그 일을 마무리할 것

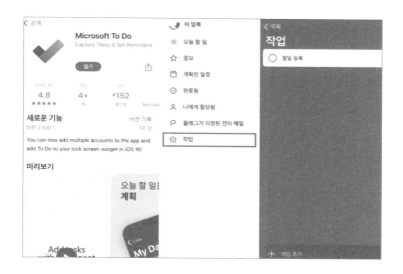

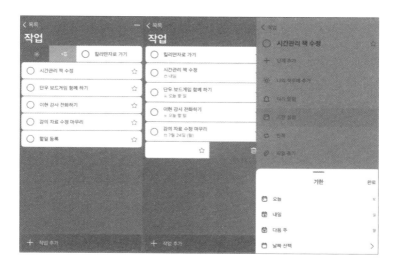

인지 날짜를 정한다. '킬리만자로 가기'처럼 날짜를 정하지 못하는 일들은 남겨 놓는다.

'작업' 목록 역시 가끔씩 비워줘야 한다. 앞에서 살펴본 'INBOX Zero' 만들기다. 우선 '날짜를 정한 일'과 '아무 때나 할 일'이라는 2개의 새 목록을 만든다. 그리고 '작업' 목록에 있는 할 일 중 날짜를 정한 일은 '날짜를 정한 일'로, 날짜를 정하지 않은 일은 모두 '아무 때나 할 일'로 이동시키면 된다.

이때 아이폰과 안드로이드폰은 각각 이동시키는 방법이 다르다. 아이폰은 오른쪽 위의 […]를 누르고 [편집]에 들어가 각각의 할 일을 선택한 후 이동시킬 수 있다. 안드로이드폰의 경우 할 일을 꾸욱 누르면 다른 할 일들도 중복선택할 수 있다. 선택한 후 오른쪽 위의 [:]를 누르면 다른 목록으로 이동하는 항목이 나온다.

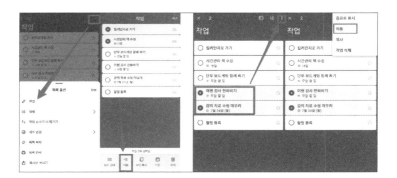

⏱ MS To Do 웹에서 사용하기 ⏱

MS To Do가 구글 Tasks에 비해 좋은 점은 단독 웹 사이트가 있다는 점이다. MS To Do 웹사이트에서 [웹앱 열기]를 선택하면 스마트폰이나 태블릿에서 작업한 내용을 PC에서도 관리할 수 있다. 단 아쉬운 점은 구글캘린더처럼 별도의 캘린더에 연결된 형태로 볼 수 없다는 점이다.

이기적 시간관리
- 지속과 성장

자, 이제 우리에게는 이번 달에 해야 하는 목표가 생겼고,

오늘 어떤 일들을 해야 할지에 대해 미리 생각했으며,

어떤 일을 먼저 할지 우선순위까지 정했다.

그럼, 이제 무엇을 하면 될까?

일을 할 시간이다. 아무리 계획을 잘 세워도 실행하지 않으면 소용없다.

그런데 우선순위를 정한 대로 하나씩 리듬을 타며 열심히 일을 하려고 하는데,

정작 일을 하다 보면 정해진 시간 내에 끝내지 못한다.

그 이유는 무엇 때문일까?

이제부터 일을 좀 더 잘할 수 있는 방법을 알아보자.

1 일을 끝내는 힘, 몰입의 기술

'시간이 조금만 더 있었더라면…'

누구나 한 번쯤 이런 생각을 해봤을 것이다. 그런데 아쉽게도 우리에게는 충분한 시간이 주어지지 않는다. 하지만 똑같은 시간 안에서도 시간을 잘 사용하는 사람들이 많다. 바로 '시간의 밀도'를 잘 알고 있는 사람들이다. 밀도란 같은 면적에 얼마나 많이 들어있느냐를 뜻한다. 나무를 물에 던지면 뜨지만 돌은 가라앉는데, 이는 밀도의 차이 때문이다.

시간의 밀도는 상대성 이론과 비슷하다. 좋아하는 사람과의 시간은 빠르게 흘러가지만, 회사에서의 시간은 너무나 느리게 흘러간다. 이처럼 시간을 대하는 자신의 마음가짐과 태도, 이에 따른 집중이 시간의 밀도를 결정한다. 집중하는 시간이 최대한의 밀도로 채워지면 '몰입'이 된다.

회사에서 일을 하다 시간이 모자라는 경우 시간을 늘릴 수 있는 쉬운 방법이 있다. 바로 야근과 휴일근무다. 물론 이 방법이 제일 쉬운 방법이기는 하지만 좋은 방법은 아니다. 일은 일과시간 중에 집중해서 끝내야 한다.

미하이 칙센트미하이는 《몰입의 즐거움》에서 '삶을 훌륭하게 가꾸어 주는 것은 행복감이 아니라 깊이 빠져드는 몰입이다'라고 말했다. 학창시절 음악을 틀어놓고 공부를 하다 보면 어느 순간 음악 소리가 들리지 않을 때가 있다. 이때가 바로 몰입의 순간이다. 그렇다면 회사에서도 몰입의 순간을 만들기 위해 음악을 들으며 집중해야 할까? 그건 몰입이 아니라 다른 사람들과의 커뮤니케이션 단절을 불러온다.

그럼 주변과 연결된 상태에서 일에 몰입해 끝낼 수 있는 방법에 대해 알아보자.

⊙ 내 시간을 지키는 거절의 기술 ⊙

전화는 24시간 내내 통화가 어렵지만, 이메일이나 카톡 등의 메신저와 SNS는 24시간 가능하다 보니 밤 늦게까지 다양한 업무적 대화가 오고가기도 한다. 때문에 회사에서는 업무시간 외에 메신저를 보내지 못하게 하지만 현실적으로 쉽지 않다.

만약 제 시간에 퇴근을 하고 싶다면, 끝도 없이 밀려오는 일에서 자유롭고 싶다면 전화와 이메일, 메신저에서 '거절의 기술'을 발휘해 보자. 물론 이 방법들은 거절에 익숙하지 않은 사람들에게는 불편할 수 있다. 하지만 우리는 지금 '이기적인 시간관리'를 하고 있지 않던가(그렇다고 다른 사람의 시간을 무시하라는 이야기는 아니다).

1) 전화

전화는 가급적 메일이나 메신저로 유도하자. 전화는 일의 리듬을 깨는 최악의 도구이다. 물론 전화 응대가 전문인 직종도 있고, 영업사원의 경우 놓쳐서는 안 되는 전화도 있다. 이런 중요한 업무적 전화를 제외하고는 전화를 받지 않는 습관을 들여보자. 처음에는 어색할 수 있겠지만 급한 일이라면 여러 번 전화가 올 것이고, 문자나 메신저로도 할 것이다. 따라서 지금 중요한 일을 하고 있다면 즉시 전화를 받아야 한다는 강박관념에서 벗어나야 한다(물론 예외는 있다. 신입사원이라면 당연히 내부전화를 가장 먼저 받아야 한다. 그래야 각각의 일들을 처리하는 요령이 생긴다).

전화 대신 오는 문자나 메신저의 내용은 기록으로 남길 수 있다는 장점이 있다. 그러니 이왕이면 전화를 받지 말고, 문자나 메신저 등으로 유도해 보자. 이렇게 한 달을 보내게 되면 전화의 양은 현저히 줄게 된다. 특히 일과시간 후에 오는 전화라면 아예 받지 말아보자.

정말 급한 일이라면 전화한 이유가 문자 등으로 오게 되어 있다. 밤에 오는 전화의 대부분은 정말 급해서일 수도 있지만 '나는 지금도 일하고 있다'는 것을 보여주려고 하는 것일 수 있다.

2) 이메일 확인은 하루 3번

매일 아침 우리는 이메일을 확인하는 것으로 하루를 시작하고, 매 시간마다 확인 작업을 한다. 퇴근하기 전에도 한 번 더 확인한다. 이렇게 이메일에 집착하는 가장 큰 이유는 '혹시라도 놓친 메일이 있을까봐'이다.

스마트폰과 회사 메일이 연동되고 실시간 알림을 받을 수 있게 되면서 상황은 더 나빠졌다. 매 순간 도착하는 메일들이 알림으로 오기 때문이다. 물론 누군가에게 업무 협조를 요청했거나 정말 중요한 업무 메일이 왔다면 최대한 빨리 회신해야 한다. 하지만 집중해서 일을 하고 있는 중에 이메일을 잠깐 확인해 보니 '이거는 바로 해줘야겠구나' 싶어 그 일을 처리하다 보면 일의 리듬이 끊기게 된다. 이렇게 되면 일을 끝내는데 더 오랜 시간이 걸린다.

메일은 남이 주는 To-Do List이다. 일의 주도권은 나에게 있어야지, 다른 사람에게 있어서는 안 된다. 따라서 메일 확인은 하루 3번으로 정해 놓고 몰아서 하자.

메일의 알림을 끌 필요는 없다. 제목만 확인하고 나중에 몰아서 처리하면 된다. 지금 당장 처리하지 않으면 안 될 정도로 급하지 않다면 몰아서 해도 된다. 정말 급한 일이라면 전화나 문자로 다시 올테니 일단은 지금 하고 있는 일에 집중하자.

3) 메신저 회신도 천천히

하루에도 수없이 넘쳐나는 카톡 메시지 때문에 너무 피곤한 세상이 되었다. 분명 회사에 사내 메신저가 있지만 가장 편하게 사용하는 게 카톡이다 보니 업무, 친구, 가족 등에게서 오는 카톡에서 벗어날 수 없다. 하지만 그럼에도 업무에 집중하기 위해서는 카톡에서 벗어나야 한다. 메일을 관리할 때와 같다. 대충 확인하고, 지금 당장 답장하지 않아도 되는 내용은 무시하자. 부서원들과의 단톡방에서 다양한 이야기가 오가면 지금 당장 들어가서 이야기하지 않으면 안 될 것 같은 불안감을 느낀다. 하지만 이 역시 그리 중요한 일은 아니다. 나중에 읽으면 된다.

핵심은 즉각 반응하지 말자는 것이다. 수십 번씩 반짝이는 메신저에 일일이 답을 하다 보면 지쳐 버린다. 우리의 시간은 한정되어 있고 집중력에는 한계가 있다. 사소한 일에 신경쓰게 되면 정작 중요한 일을 할 시간이 없어진다.

⊘ 스마트폰, 스마트워치의 알림을 꺼라 ⊘

알림 중독에서 벗어나는 가장 좋은 방법은 알림을 꺼놓는 것이다. 새로운 앱을 설치하면서 우리는 우리도 모르게 '알림 동의' 버튼을 누른다. 이로 인해 카카오페이지에 새로운 소설이 올라왔을 때, 유튜브에 댓글이 달렸을 때, 배민 광고가 왔을 때 등 시

도 때도 없이 오는 수많은 알림들로 매 순간 우리의 집중은 방해받는다. 오죽하면 아이폰과 안드로이드폰에 각각 '집중' 모드가 있겠는가.

지금부터 필요없는 내용들에 대해서는 과감하게 알림을 끄자. 메일도 마찬가지다. 광고성 메일이 자주 온다면 귀찮아도 잠깐 들어가 수신 거부를 누르자. 스마트워치 역시 마찬가지다. 스마트워치는 몰입을 방해하는 가장 확실한 도구다. 그러니 스마트워치의 알림도 끄자.

⊘ 내일 일은 내일에 맡기자 ⊘

모든 일에는 마감시간을 정해야 한다. 마감시간을 정하지 않고 '그저 빨리 빨리' 처리하기만 하면 되는 일들은 죄다 중요해 보인다. 하지만 지금 하는 일을 제대로 나누어 보면 오늘 반드시 해야 할 일이 있고, 내일 해도 되는 일이 있다. 내일 해도 되는 일을 굳이 오늘로 가져올 필요는 없다. 학교 공부하듯 미리 예습할 필요도 없다.

예를 들어 이 책의 경우 원고 마감기한을 출판사와 먼저 확정했다. 그리고 대략 계산해 보니 250쪽 정도의 분량을 쓰기 위해서는 한 달 동안 하루 1~2시간 혹은 2개의 소주제 정도를 작성하면 될 것 같았다. 그럼 이제 하루 24시간 중에서 책을 쓰기 위한 시간을 확보해야 한다. 하루 8시간 강의가 있는 날에는 새벽에 일찍 일어나 30분 정도 글을 쓰고, 대중교통으로 이동하면서도 쓰고, 저녁식사 후에도 쓴다. 이때 정해진 분량을 채우면 조금 더 쓰고 싶어도 거기서 멈춘다. 그래야 하고 싶은 다른 일을 할 수 있고, 다른 할 일을 끝낼 수 있기 때문이다. 그리고 오늘 일을 끝낼 때에는 반드시 '내일 얼마만큼 써야 하는지' 분량을 미리 확인해 두어야 한다. 이렇게 해두면 오늘은 좀 더 가볍게 쉴 수 있다.

⊘ 모노태스킹하라 ⊘

똑같은 일을 하는데도 같은 시간에 두세 가지 일을 동시에 끝내는 사람들이 있다. 우리는 이들을 '능력자' 혹은 '멀티태스커'라 부른다. 그런데 멀티태스커들이 일하는 방법을 자세히 살펴보면 절대로 여러 가지의 일을 동시에 하지 않는다. 일 잘하는 사람과 아닌 사람들의 차이다. 이들의 특징은 크게 2가지다.

첫째, 하나에 집중해서 빠르게 끝낸다.

둘째, 한정된 시간 안에 어떤 일을 먼저 해야 하는지 우선순위 파악이 뛰어나다.

예를 들어 A, B, C를 끝내야 한다면 각각의 일에 걸리는 시간을 먼저 산정한다. A는 20분, B는 30분, C는 50분, 이 중에서 다른 팀에 요청해야 할 일(A)이 있다면 그 일을 먼저하고, 잠시 시간이 남을 때 B를 하다 회신 온 내용을 확인 후 A를 끝내고, B를 마저 끝내고 C에 집중해 끝낸다. 이렇게 우선순위를 정하지 않고 일을 하다 보면 우왕좌왕하다 시간만 보내게 된다.

여기서 우리가 주목해야 할 것은 멀티태스커의 경우도 두세 가지 일을 동시에 하는 게 아니라 '하나씩 차근차근' 끝낸다는 것이다. 중요한 일을 할 때, 단시간에 결과를 내는 일을 해야 할 때에는 한 가지에 집중해 하나씩 끝낸다. 이처럼 한 가지 일에 몰입해 끝내는 것을 '모노태스킹'이라고 하며, 한 번에 한 가지씩 집중해서 일을 하다 보면 일을 빠르게 끝낼 수 있다.

⊘ 몰입을 도와주는 도구 ⊘

일에 몰입하기 위해 머릿속으로 아무리 '이제부터 집중해야지!'라고 생각해도 집중은 쉽지 않다. 이때 당신의 몰입을 도와줄 수 있는 3가지 도구가 있다.

1) 타임 타이머의 활용

'구글도 반한 시계'라는 이름이 붙은 시계가 있다. '타임 타이머'라는 시계인데, 작동하는 방식은 심플하다. 가운데 바늘을 돌리면 남은 시간이 붉은색으로 표시되고 시간이 갈수록 줄어든다. '지금 일은 25분 안에 끝낼 거야!'라고 생각하면 25분에 바늘을 맞춰놓으면 된다. 그리고 '무슨 일이 있더라도 25분 동안은 메일도 안 보고, 카톡도 안 보고, 쓸데없이 인터넷 서핑도 하지 않을 거야'라고 다짐을 해보자.

타임 타이머는 가격이 3~5만원대로 좀 비싼 편이며, 비슷한 중국산 제품들은 소음이 나기도 한다. 가격이 부담된다면 'Time Timer'라는 앱을 다운받아 사용해도 된다. 사용하는 방법은 '타임 타이머' 시계와 같다. 가운데 바늘을 손가락으로 드래그해서

시간을 맞추고 시작을 누르면 직관적으로 붉은 색이 줄어드는 걸 볼 수 있다.

이때 집중하는 시간은 최대 25분을 넘지 않도록 한다. 집중력이 꽤 강한 사람들은 25분을 넘겨도 되지만 대부분 성인의 집중력은 25분을 넘기 힘들다. 25분에 익숙해지면 몰입하는 시간을 점점 늘려나가도 좋다.

2) 타임 트래커, ATracker 등의 앱 활용

앱스토어와 구글플레이에서 '시간관리'라고 검색하면 타임 트래커 등 수많은 앱들이 나온다. 이 중 내가 추천하는 앱은 'ATracker'인데, 어떤 일에 집중할지 미리 등록해 놓고 일을 시작할 때 그 항목을 누른다. 그러면 즉시 시간이 카운팅되며 내가 얼마나 집중해서 일을 했는지 파악할 수 있다. 별 것 아닌 것 같아 보여도 몇 번 해보면 자신의 집중력이라는 게 얼마나 별 것 없었는지 알 수 있다.

집중 앱을 이용해 하루 5분 집중하는 습관, 하루 5분 글쓰는 습관 등 목표를 정하고 그 시간을 기록해 추적하기에도 좋다.

3) 포스트잇 활용

사무실과 집에 넘쳐나는 포스트잇을 활용해 보자. 지금 당장 시작해야 하는 일들을 포스트잇 한가운데에 크게 적어서 모니터 옆에 붙여 놓는다. 예를 들어 글을 쓰는 중이라면 '글쓰기', 거래처에 보낼 제안서를 작성하는 중이라면 'A사에 보낼 제안서 작성 중'이라고 써놓자. 포스트잇을 잘 보이는 곳에 붙여 놓으면 잠깐 전화를 받거나 잠깐 회의에 참석했다가 다시 돌아와도 내가 나에게 지시한 내용이 그대로 붙어 있는 것을 확인할 수 있다.

'맞다. 이거 하는 중이었지'라며 즉시 다시 몰입해 일할 수 있다. 그러니 지금 바로 포스트잇을 꺼내서 지금 해야 할 일과 시작한 시간을 적어보자.

A사에 보낼
제안서 작성하기
(13:30~)

2 모든 일의 체크리스트 만들기

매번 같은 일을 할 때마다 혹은 새로운 일을 할 때마다 '기억이 나지 않아서' 시간낭비를 하는 사람들이 많다. 이런 사람들을 위해 가장 쉬우면서 반드시 해야 하는 방법을 소개한다. 바로 '체크리스트'를 만드는 것이다.

체크리스트는 말 그대로 어떤 일을 하기 전에 확인해야 할 사항들을 적는 것이다. 구글 Tasks 등의 할일관리와는 비슷하면서도 다르다. Tasks는 떠오르는 할 일을 언제든지 던져놓고 관리하는 것이고, 체크리스트는 하나의 일을 수행하기 위한 준비 목록을 만드는 것이다.

체크리스트를 만들어 하나씩 체크해 가다 보면 단순반복적인 일을 줄일 수 있어 도움이 된다. 예를 들어 '해외여행 준비 체크리스크'를 만들어 보자. 가족들과 해외여행을 가기로 했다. 준비해야 할 게 한둘이 아니다. 사소한 것 하나를 챙기지 못해 공항 출국장에서 싸우는 가족들을 많이 보지 않았던가.

체크리스트를 만들기 위해서는 네이버 메모 앱이나 에버노트, 구글킵 등을 이용하면 된다. 뭐든 체크리스트를 편하게 만들 수 있는 서비스를 이용하자. 제목은 '해외여행 준비'라고 적고 생각나는 리스트를 적어보자.

해외여행을 자주 가지 않더라도 이렇게 체크리스트를 디지털 노트에 만들어 저장해 두면 다음에 또 다른 곳으로 여행갈 때 활용할 수 있어 낭비되는 시간과 비용을 줄여준다.

3 잠깐 멈춰서 뒤돌아보기

열심히 일한 당신, 잠깐 멈출 시간이다. 잠깐 멈추고 잠시 뒤를 돌아보자.

회사에서는 퇴근 전에 차분히 책상을 정리하는 게 좋다. 깨끗하게 책상을 정리하다 보면 '오늘 놓쳤던 일' '내일 해야 할 일' 등 하루를 복기할 수 있기 때문이다. 집에서도 마찬가지다. 컴퓨터의 전원을 끄기 전에 책상에서 일어나 잠시 주변을 깨끗하게 정리하자.

시간관리의 기본은 하루의 '복기'다. 회사에 첫 출근한 신입사원은 퇴근할 때 '일일 업무보고서'를 작성해 제출한다. 맡은 일이 많지는 않아도 오전부터 어떤 일을 배웠고, 어떻게 처리했는지를 정리해 보는 것이다. 만약 '일일 업무보고'가 도입되어 있지 않은 회사라면 당장 도입하자.

개인의 경우도 자신을 위한 '일일 업무보고'를 작성해 보기를 권한다. 나 역시 지금도 매일매일을 정리하고 있다. 노트를 이용해도 좋고, 특정 노트 앱을 이용해도 상관없다. 퇴근하기 전 또는 잠들기 전 오늘의 날짜를 적고 오늘 있었던 일들을 차례로 돌아본다. 추천하는 순서는 다음과 같다.

전화 → 문자 → 카톡 → 메신저 → 개인 이메일 → 회사 이메일

스마트폰에서 전화 앱을 열고 오늘 하루 누구와 통화했었는지 돌아본다. 그리고 문자와 카톡, 메신저를 확인한다. 이때 처리해야 할 일을 놓쳤다면 구글 Tasks에 적어 놓자. 미팅 약속의 경우 구글캘린더에 등록했는지 다시 한 번 확인한다. 단언컨대 이

사소한 작업이 당신이 놓칠 뻔한 일정관리를 자유롭게 해줄 것이다.

이메일의 경우 다 읽은 이메일은 보관처리하고, 필요없는 이메일은 바로 지운다. 바로 응답이 가능한 것은 바로 회신하고, 내일로 미루어도 된다면 내일 처리하면 된다.

이 작업을 하다 보면 처음에는 시간이 오래 걸린다. 하지만 매일매일 하다 보면 시간을 단축할 수 있다. 나의 경우 10분 정도 하루를 정리하는데 쓰고 있다.

4 | 내 시간을 지키기 위한 5가지 조언

다른 사람의 인생이 아닌 내 인생, 내 시간을 지키며 살기 위해서는 어떻게 해야 할까? 그동안 넘어지고 깨지며 배운 5가지 조언을 전한다.

⊙ 누구나 박차고 떠나야 할 때가 있다 ⊙

《잠깐만 회사 좀 관두고 올게》의 주인공 아오야마는 힘겨운 회사생활을 어찌어찌 버티며 살아가고 있다. 가장 힘들 때 그는 '괜찮다. 이전과 아무것도 달라지지 않았다. 오늘은 일요일이다. 괜찮다. 분명히 조금은 행복한 날일 것이다'라며 버틴다. 그런 그에게 친구 야마모토는 너무나 쉽게 '회사를 그만두라'고 권한다.

정말 더 버티기 힘들었을 때, 가장 힘들 때 아오야마는 어머니에게 전화를 한다.

"만약에 내가 회사를 그만둔다고 하며 어떡할 거야?"

"어머나 뭐 어떠니" 어머니는 망설이지 않고 말한다.

"그게 뭐 별 일이라고. 세상에 회사가 거기 하나만 있는 것도 아니잖아."

이 책에서 가장 기억에 남는 부분이었다. '그게 뭐 별 일이라고' 맞는 말이다. 물론 나는 당신에게 퇴사를 권하는 건 아니다. 오히려 급하게 퇴사하는 것보다 끝까지 일을 해보기를 권한다. 그런데 그럼에도 불구하고 내 길이 아니라는 생각이 든다면, 뭔가 잘못됐다는 생각이 든다면 그때는 박차고 나올 준비를 해야 할 때다.

지금 당장 박차고 나왔을 때의 대안이 없다면 다른 대안을 찾을 때까지는 현상유지를 하는 것이 맞다. 당장 내일이라도 어디든 갈 수 있게 준비하고, 영원히 일할 것처럼 보여줘야 한다. '그래도 한 직장에서 10년 이상을 일했는데 의리가 있지' 혹은 '어차피 갈 때가 없으니 이 회사에서 일은 대충하면서 누릴 수 있는 것들을 누릴 거야'라고 결정했다면 그것도 좋다. 하지만 조직의 시간과 당신의 시간은 다르다는 걸 잊지 말자. 당신이 오너가 아닌 이상 조직은 언제나 당신을 대체할 준비가 되어 있다.

언제든 떠날 수 있는 인재가 된다면 회사에서는 더 붙잡게 된다. 만약 붙잡지 않는다면 그때가 기회다. 당신을 위한 당신의 시간을 제대로 쓸 수 있는 곳은 지금의 회사가 아닌지도 모른다.

비행기를 타고 여행을 떠날 때 가장 짜릿한 순간은 하늘로 날아오를 때다. 그 순간순간마다 나는 기적을 느낀다. 어떻게 이렇게 무거운 비행기가 하늘을 날 수 있는 걸까? 비행기는 하늘을 날기 위해 연료를 채우고 사람들을 태운 후 목적지를 세팅하고 천천히 활주로로 이동한다. 관제탑에서 신호가 떨어지면 그때부터 하늘을 향해 전력질주를 한다. 그리고 어느 순간 땅을 박차고 하늘로 오른다. 만약 전속력으로 달리지 않았다면, 땅을 박차는 순간이 없었다면 무거운 기계가 하늘을 나는 건 불가능한 일일 것이다.

인생도 마찬가지다. 지식과 경험이라는 연료를 채우고, 목표를 설정한 후 '자신만의 활주로'를 찾아야 한다. 활주로를 찾았다면 그때는 뒤도 돌아보지 말고 전력질주를 해야 한다. 이 순간 후회와 아쉬움과 미련이 발목을 잡는다면 결코 날아오르지 못한다.

나 역시 마찬가지였다. 20대 초반에 읽었던 책들은 내 인생을 결정하는데 많은 도움을 줬다. 하지만 남들과 같은 회사생활을 하며 남들과 같이 지쳐갔다. 회사를 그만둘 준비를 하면서도 쉽게 결정을 내리지 못하고 병상에 누워있는 사람의 모습으로 출근을 했다. 이때 나를 바꾼 한마디는 지하철 에스컬레이터를 올라올 때 바로 눈앞에 보였던 광고 문구였다. 당시 K2 매장 앞에는 배우 현빈의 멋진 표정과 함께 '인생은 한 번뿐이니까'라는 광고가 있었다. 이 광고 문구를 3개월 내내 보면서 출근하다 보니 결정의 순간이 왔을 때 의외로 쉬웠다.

인생은 타이밍이다. 누구나 박차고 떠나야 할 때가 있다. 지금 당신이 가장 먼저 박차고 나서야 하는 건 지금의 행동, 지금의 습관, 지금의 시간낭비다. 당신의 시간을 당신을 위해 언제든 사용할 수 있게 준비해 두어야 한다.

⊘ 하루를, 한 주를, 한 달을 미리 계획하라 ⊘

'그러므로 염려하여 이르기를 무엇을 먹을까 무엇을 마실까 무엇을 입을까 하지 말라.'(마태복음 6:31)

무엇을 할까를 생각하는 것 자체가 괴롭다는 사람들이 있다. 그런 사람들은 계획을 세우지 않는다. 성경 말씀에도 걱정하지 말라고 했다. 하지만 나는 심히 걱정된다. 또 다른 성경 말씀에는 '두드리라 열릴 것이다'(마태복음 7:7)라 하지 않았던가. 이 말의 핵심은 문이 열리기 위해서는 일단 '두드려야' 한다는 뜻이다.

그러니 두 손 놓고 나무 아래에 앉아 감 떨어지기를 기대하지 말자. 하늘은 스스로 돕는 자를 돕는다고 했다. 자신이 해야 할 일, 할 수 있는 일을 다 해놓고 그다음에 하늘의 뜻을 기다리는 게 맞다.

계획하라. 아무것도 할 수 없는 상황이라면 우리가 할 수 있는 건 생각하는 것, 그리고 계획하는 것이다. 하루를 계획하고, 일주일을 계획하고, 한 달을 계획하라. 분명 계획대로 인생은 흘러가지 않는다. 생각보다 인생은 더 쓰고, 당신을 도와줄 사람은 적다. 그럼에도 불구하고 생각하고 사는 게, 사는 대로 생각하는 것보다 낫다. 스스로 생각하는 대로 살지 않는 삶은 꽤 재미없고, 꽤 지루하며 답답할 것이 분명하다.

⊘ 징징대지 말자 ⊘

〈악마는 프라다를 입는다〉라는 영화에서 주인공 앤디는 일을 하기 싫다며 넋두리를 시작한다.

"미란다는 날 싫어해요. 조금만 잘못하면 난리를 치고⋯."

이야기를 듣던 나이젤은 다음과 같이 말한다.

"앤디. 넌 노력하는 게 아니야. 그냥 징징대는 거야."

당신도 앤디처럼 어떤 일을 할 때 불평불만부터 늘어 놓는가? 아니면 개선책을 찾는가? 당신 이야기를 들어주는 사람이 '아, 힘들었겠구나'라며 동정해 주기를 원한다면 그것도 좋다. 하지만 충분히 울었다면, 충분히 소리쳤다면 그다음은 일할 시간이다. 동정과 회피만으로는 아무것도 해결되지 않는다.

어떤 일을 시작할 때 그 일의 장점과 단점을 먼저 써보자. 이때 단점 옆에는 반드시 '개선책'을 적어야 한다. 당신이 다른 사람들과 달라야 하는 한 가지가 바로 이것이다. 대부분의 사람들은 단점을 이야기하는데 능하다. 하지만 정작 '그래서 어떻게 해결할 수 있는데?'라고 물으면 답을 내놓는 사람은 적다. 답이 없는 불만과 투덜거림은 잠깐의 기분은 나아지게 해주겠지만 해결책은 될 수 없다. 이런 일에 쓸데없이 시간낭비하지 말자.

징징대지 말고 노력하자. 노력을 하면 뭐가 바뀌느냐고 비아냥거리지도 말자. 노력의 보상은 늦게 오지만 반드시 돌아온다. 노력해서 성공한 사람들이 어떻게 시간을 보냈는지 찾고 물어보고 따라하자. 실패한 사람들의 넋두리에 뺏길 시간이 없다.

⊘ 내일은 없다. 오늘부터 ⊘

지금까지와는 다른 시간을 보내겠다고 결심한 당신, 진심으로 응원한다. 그런데 이 글을 쓰고 있을 때 커피숍에서 어떤 남자가 하는 말을 들었다.

"오늘까지는 일단 쉬고, 내일부터 하자고. 하하."

나름 쿨하고 재미있어 보이려고 한 말이겠지만 나는 아쉽다는 생각이 들었다.

'왜 일단 지금부터 시작하고 내일부터 더 잘하면 안 되는 거지?'

예를 들어 죽기 살기로 한 달 동안 영어 공부를 제대로 하기로 마음먹었다. 그리고 생각한다. '내일부터 열심히 할 거니까 오늘은 일단 쉬고, 내일부터 화이팅!'

장담하건대 오늘 하지 못하면 내일도 못한다. 오늘 너무 지치고 힘들더라도 영어 단어 하나는 외워야 한다. 너무 지치고 힘들어도 단 5분이라도 시작해야 한다. 시작에는 힘이 있다. 언제나 지금부터다.

⊙ 매일매일 5분은 워밍업. 진정한 승부는 덩어리 시간에서 ⊙

매일매일 5분씩 무언가를 열심히 하면 원하는 바를 이룰 수 있을까? 미안하지만 불가능하다. 그렇다면 매일 5분씩 뭔가를 하는 건 무의미한 걸까? 그건 아니다. 매일 5분씩 무언가 하기로 결심했다면 그건 '관심을 유지하는 힘'이 된다. 매일 글을 쓰기로 마음먹었다면 하루에 단 5분이라도 뭔가를 써야 한다. 매일 5분이라도 팔굽혀펴기를 하거나 스쿼트를 해야 한다. 아무리 시간이 없더라도 단 5분은 낼 수 있기 때문이다. 하지만 원하는 만큼의 성과를 얻기 위해서는 반드시 훨씬 많은 시간을 단기간에 투자해야 한다.

예를 들어 매일매일 10분씩 책을 쓰겠다고 결심을 했다. 10분을 내는 건 쉬운 일이다. 잠자기 전에도 좋고 아침에 일어나자마자 해도 된다. 그런데 이렇게 쪼개어진 시간들은 집중력있게 이어지지 못한다. 결국 느슨한 연결은 하루이틀 빼먹게 되면 다시 이어지기 힘들다.

책쓰기 작업을 완성하기 위해서는 하루 10분씩 차근차근 책쓰기 습관을 들이고, 차분히 앉아서 글만 쓰는 하루 3~4시간의 승부의 시간이 필요하다. 이건 모든 일에 적용된다. 코딩을 하는 개발자라면 하루 몇 시간씩 집중해 일하고, 며칠 안에 개발을 끝내야 한다.

무언가 새로운 것을 배울 때도 마찬가지다. 5일 혹은 10일을 정해 놓고 찔끔찔끔 책을 읽거나 강의를 듣는 게 아니라. 2~3일 동안 단기간에 집중적으로 시간을 투자하여 몰입해야 한다.

앞에서 이야기한 비행기의 전력질주와 같다. 하루 5분은 비행기를 활주로까지 끌고가는 바퀴에 해당한다. 다음은 전력을 다해 시간을 '쏟아서' 끝을 내야 한다.

매일매일의 조금이
지금을 바꾸고
내일을 바꾼다

　지금까지 수많은 시간관리 책들이 나왔고, 어쩌면 이 책도 당신에게는 그저 그런 또 하나의 시간관리 책일지도 모른다. 하지만 이 책 역시 그저 그런 이야기처럼 들렸다면 어쩌면 그것이 '시간관리의 본질'이기 때문일 것이다.

　시간관리는 결국 인생관리다. 시간관리를 하는 이유는 우리 인생에서 진정한 주인이 되기 위함이다. 그래서 이 책은 시간관리에 진심으로 절박한 분들, 이제 더 이상 미룰 수 없다고 생각하는 분들이 많이 읽었으면 좋겠다.

　이제 더 이상 다른 사람의 계획대로 다른 사람이 정해준 인생을 사느라 시간을 낭비하지 말자. 폼나는 인생을 살고 싶다면 폼나게 자신의 시간부터 결정짓자.

　오늘 해야 할 일은 오늘 끝내고, 내일 해도 되는 일은 내일 해도 되는 자유로움을 가지자. 당신이 어떤 상황에 있든 우리는 순간의 시간에 무엇을 할 것인지 선택할 수 있고 선택해야 한다.

지금과는 다르게 살아가기를 원한다면 지금과는 다르게 시간을 써야 한다. '매일매일의 아주 조금'이 지금을 바꾸고 분명 내일을 바꾼다. 이미 내일을 바꾼 사람들이 있다. 당신도 그중의 한 명이 되기를 진심으로 기원한다.

엉망진창 내 인생, 시간을 '내 것'으로 만드는 기술

이기적 시간관리

초판 1쇄 발행 2023년 8월 10일
초판 2쇄 발행 2024년 8월 10일

지은이 이임복
펴낸이 백광옥
펴낸곳 ㈜천그루숲
등 록 2016년 8월 24일 제2016-000049호

주소 (06990) 서울시 동작구 동작대로29길 119
전화 0507-0177-7438 **팩스** 050-4022-0784 **카카오톡** 천그루숲
이메일 ilove784@gmail.com

기획 / 마케팅 백지수
인쇄 예림인쇄 **제책** 예림바인딩

ISBN 979-11-93000-15-1 (13320) 종이책
ISBN 979-11-93000-16-8 (15320) 전자책